Matemáticas 2

PARA BACHILLERATO GENERAL

Francisco José Ortiz Campos

SEGUNDA REIMPRESIÓN
MÉXICO, 2001

PUBLICACIONES
CULTURAL

**Para establecer comunicación
con nosotros puede hacerlo por:**

correo:
Renacimiento 180, Col. San Juan
Tlihuaca, Azcapotzalco,
02400, México, D.F.

fax pedidos:
(015) 561 4063 • 561 5231

e-mail:
info@patriacultural.com.mx

home page:
http://www.patriacultural.com.mx

Diseño de portada: Perla Alejandra López Romo
y Pedro Ortega Olivo

Diseño de interiores: Publicaciones Cultural, S.A. de C.V.

Matemáticas 2 para Bachillerato General
Derechos reservados respecto a la edición:
© 1998, Francisco José Ortiz Campos
© 1998, PUBLICACIONES CULTURAL, S.A. DE C.V.
© 2000, GRUPO PATRIA CULTURAL, S.A. DE C.V.
bajo el sello de Publicaciones Cultural
Renacimiento 180, Colonia San Juan Tlihuaca,
Delegación Azcapotzalco, Código Postal 02400, México, D.F.

Miembro de la Cámara Nacional de la Industria Editorial
Registro núm. 43

ISBN 968-439-882-4

Impreso en México
Printed in Mexico

Primera edición: 1998
Primera reimpresión: 1999
Segunda reimpresión: 2001

CONTENIDO

PRESENTACIÓN

Esta obra se ha diseñado pensado en apoyar las actividades del docente y del alumno. Para el profesor al proporcionarle grupos de ejercicios con un grado de dificultad creciente debidamente seccionados y jerarquizados para evaluar los avances en el proceso de aprendizaje. Para el estudiante al proporcionarle información en un lenguaje accesible que le permita comprender conceptos y aplicarlos en la resolución de situaciones problemáticas concretas.

Se revisan y afirman conceptos del nivel medio básico como antecedente necesario para introducir y desarrollar los conceptos correspondientes al nivel medio superior. El contenido del texto se desarrolla en dos grandes bloques.

En la primera unidad, Geometría, el alumno encontrará todo lo relacionado con los polígonos, su clasificación, trazos y algunos de sus elementos como: ángulos, lados, perímetros y área.

La segunda unidad, Trigonometría, estudiará la relación que existe entre los lados y ángulos de un triángulo rectángulo, definidas estas relaciones como funciones trigonométricas.

Ambas unidades se dividen en secciones y cada una de éstas incluye ejemplos ilustrativos en cada caso, inmediatamente después se propone un grupo de Ejercicios Geométricos que permiten reafirmar lo aprendido y conducen al alumno a su dominio gradual.

Se recibirán con agrado todas las sugerencias que permitan mejorar y enriquecer esta obra con el propósito de brindar un mayor apoyo al proceso de enseñanza-aprendizaje.

El autor

Unidad 1

GEOMETRÍA

OBJETIVOS:

- Resolver problemas de la vida cotidiana, a través de la aplicación de conceptos, postulados y teoremas de polígonos, círculo, circunferencia y sólidos; para determinar perímetros, áreas, superficies y volúmenes

Introducción

En el curso anterior se dieron a conocer conceptos básicos de la geometría plana y se estudió el triángulo. Ahora dichos conocimientos permiten tratar lo relacionado con los polígonos, los cuales se clasifican de acuerdo con sus características. En ellos se observan propiedades que se pueden aplicar ya sea para trazarlos o para calcular algunos de sus elementos, como: ángulos, lados, perímetro y área.

Las construcciones que aquí se presentan permiten hacer el trazo de polígonos regulares. Esto es particularmente importante, ya que una estrategia para resolver problemas consiste en hacer un trazo que ilustre el enunciado del problema y mediante éste, se facilite visualizar relaciones entre los elementos para proceder a la solución.

POLÍGONOS

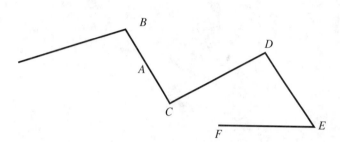

Como se puede observar en la figura, la línea poligonal o quebrada está formada por segmentos rectilíneos colocados uno a continuación de otro y siguiendo distintas direcciones, siendo el extremo final del primero coincidente con el extremo inicial del segundo, el extremo final de éste es el extremo inicial del tercero y así sucesivamente; de manera que dos segmentos consecutivos sólo tienen un punto común y un segmento cualquiera sólo tiene en común con otros dos, sus puntos extremos.

Una línea poligonal cerrada es aquélla donde el extremo inicial del primer segmento coincide con el extremo final del último segmento.

Se llama polígono a la figura plana delimitada por una poligonal cerrada donde los segmentos son los lados del polígono y los puntos de intersección de los segmentos son los vértices del polígono. Los vértices se designan con letras mayúsculas en orden alfabético.

Los polígonos se nombran de acuerdo con su número de lados, así tenemos que:

Triángulo, cuadrilátero, pentágono, hexágono, heptágono, octágono, eneágono, decágono, dodecágono e icoságono, son polígonos de 3, 4, 5, 6, 7, 8, 9, 10, 12 y 20 lados, respectivamente.

Para nombrar los demás polígonos se indica el número de lados que tienen: polígono de diecisiete lados, polígono de veinticinco lados, etcétera.

Para nombrar un polígono se nombran sus vértices en forma ordenada según el giro de las manecillas del reloj, o bien, en sentido contrario.

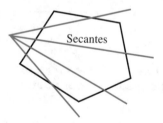

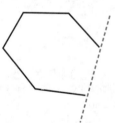

Polígono convexo. Un polígono es convexo cuando cualquier recta secante sólo lo corta en dos de sus lados, y también cuando al trazar una recta coincidente con uno de los lados del polígono, los demás lados de éste quedan del mismo lado del plano con respecto a la recta.

Polígono cóncavo. Un polígono es cóncavo cuando una recta secante puede cortarlo en más de dos de sus lados, y cuando al trazar una recta coincidente con uno de los lados del polígono, los demás lados de éste no quedan del mismo lado del plano con respecto a la recta.

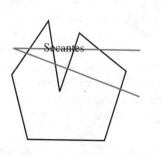

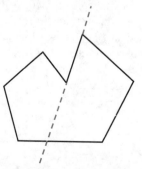

En lo sucesivo, cuando se hable de un polígono se tratará de polígono convexo.

Diagonales. En un polígono se llama diagonal al segmento de recta que une dos vértices no consecutivos. Un triángulo no tiene diagonales, pues dos vértices cualesquiera son necesariamente consecutivos.

Si en un polígono se trazan desde un solo vértice todas las diagonales posibles, se observa que el número de diagonales es igual al número de lados menos tres; de manera que para un polígono de *n* lados el número de diagonales trazadas desde un vértices es $n - 3$. Ahora bien, como en un polígono el número de lados es igual al número de vértices, el número de diagonales que se pueden trazar desde todos los vértices de un polígono de *n* lados es $n (n - 3)$. Sin embargo, se observa que como una diagonal cualquiera une dos vértices el número de diagonales se está contando doble, por ello el número total de diagonales que se pueden trazar desde todos los vértices de un polígono de *n* lados es:

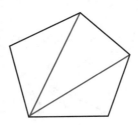 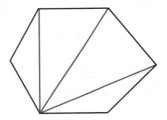

$$\frac{n(n - 3)}{2}$$

Ejemplos:

Calcular el número total de diagonales que se pueden trazar en un: a) triángulo, b) cuadrilátero, c) pentágono, d) hexágono.

a) $n = 3$

$$\frac{n(n - 3)}{2} = \frac{3(3 - 3)}{2}$$
$$= \frac{3(0)}{2}$$
$$= 0$$

b) $n = 4$

$$\frac{n(n - 3)}{2} = \frac{4(4 - 3)}{2}$$
$$= \frac{4(1)}{2}$$
$$= 2$$

c) $n = 5$

$$\frac{n(n - 3)}{2} = \frac{5(5 - 3)}{2}$$
$$= \frac{5(2)}{2}$$
$$= 5$$

d) $n = 6$

$$\frac{n(n - 3)}{2} = \frac{6(6 - 3)}{2}$$
$$= \frac{6(3)}{2}$$
$$= 9$$

Polígono equilátero es aquel que tiene todos sus lados congruentes, es decir, todos sus lados tienen la misma medida.

Polígono equiángulo es aquel que tiene todos sus ángulos congruentes, es decir, todos sus ángulos tienen la misma medida.

Polígono regular es aquel que es equilátero y equiángulo, es decir, tiene sus lados iguales y sus ángulos iguales.

Polígono irregular es aquel que no cuenta con las dos características que distinguen a un polígono regular, es decir, no tiene sus lados y ángulos iguales.

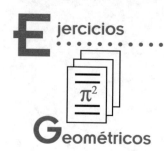

E jercicios

G eométricos

1

1. Dar a cada polígono el nombre que recibe según su número de lados.

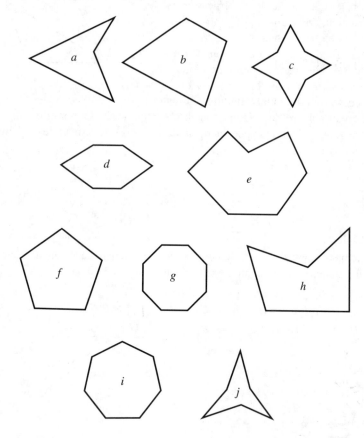

2. En las figuras del ejercicio anterior identificar los polígonos que son:

a) cóncagos   b) convexos

3. En las siguientes figuras trazar todas las diagonales.

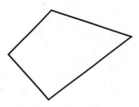 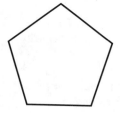 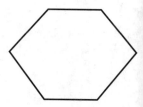

4. Calcular el número total de diagonales que se puede trazar en un polígono convexo de:

a) 7 lados   b) 8 lados   c) 10 lados
d) 12 lados   e) 15 lados

CLASIFICACIÓN DE LOS POLÍGONOS

Dentro de los cuadriláteros se darán a conocer los que son polígonos irregulares y algunas de sus propiedades, las cuales son teoremas que no se demostrarán porque para este curso es suficiente que el lector las conozca para efectos de aplicación, tanto para el trazo de la figura como para el cálculo de algunos de sus elementos.

POLÍGONOS IRREGULARES

Los cuadriláteros se clasifican, por la posición relativa de sus lados, en paralelogramos, trapecios y trapezoides.

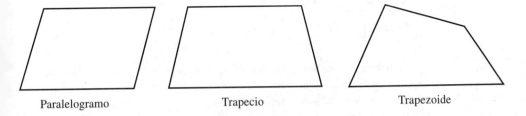

Paralelogramo   Trapecio   Trapezoide

Paralelogramo. Es el cuadrilátero que tiene paralelos sus lados opuestos y al cual se le llama también romboide.

El paralelogramo tiene las siguientes propiedades:

1. Los lados opuestos del paralelogramo son iguales.
2. Las diagonales del paralelogramo se bisecan mutuamente, es decir, una a otra se cortan por mitad.
3. Los ángulos opuestos del paralelogramo son iguales.
4. Dos ángulos consecutivos del paralelogramo son suplementarios.

Son paralelogramos el rectángulo, el rombo y el cuadrado.

Rectángulo. Es el paralelogramo que tiene un ángulo recto. Por la forma en que se ha definido, sabemos que el rectángulo tiene todas las propiedades del paralelogramo, en particular la 3 y la 4 aseguran que los cuatro ángulos son rectos.

El rectángulo tiene la propiedad de que sus diagonales son iguales.

Rombo. Es el paralelogramo que tiene dos lados consecutivos iguales. La primera propiedad de los paralelogramos asegura que el rombo es equilátero.

El rombo tiene la propiedad de que sus diagonales son perpendiculares y bisectrices de los ángulos cuyos vértices une.

El cuadrado, por sus características, se tratará en otro apartado.

Trapecio. Es el cuadrilátero que tiene sólo un par de lados opuestos paralelos. Los lados paralelos se llaman bases.

Un trapecio puede ser rectángulo, isósceles y escaleno. El trapecio es rectángulo cuando uno de sus lados no paralelos es perpendicular a los dos lados paralelos, es isósceles cuando sus lados no paralelos son iguales, y escaleno cuando sus lados no paralelos son desiguales.

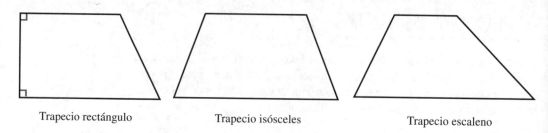

Trapecio rectángulo   Trapecio isósceles   Trapecio escaleno

En un trapecio se llama base media al segmento que une los dos puntos medios de los lados no paralelos. La base media tiene como medida la semisuma de las bases.

Trapezoide. Es el cuadrilátero que no tiene paralelos ningún par de lados opuestos.

POLÍGONOS REGULARES

Triángulo equilátero

Cuadrado

Un polígono es regular cuando es equilátero y equiángulo, es decir, será polígono regular cualesquiera que cumpla las dos condiciones.

Como en todo triángulo a lados iguales se oponen ángulos iguales, el triángulo equilátero es además equiángulo y por tanto es un polígono regular.

Cuadrado es el rectángulo que tiene dos lados consecutivos iguales.

El cuadrado tiene las propiedades del rectángulo y por tanto es equiángulo y por la propiedad 1 de los paralelogramos es equilátero, de modo que es un polígono regular.

Los seis primeros polígonos regulares son:

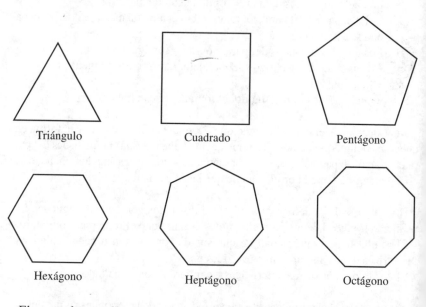

Triángulo   Cuadrado   Pentágono

Hexágono   Heptágono   Octágono

El centro de un polígono regular es el centro de su circunferencia circunscrita. Si el centro de un polígono regular se une con todos sus vértices, a cada lado se opondrá un ángulo que se llama ángulo central.

Dos lados consecutivos de un polígono regular forman un ángulo interior. Apotema de un polígono regular es el segmento de perpendicular trazado desde el centro del polígono a uno de sus lados. La apotema es perpendicular mediatriz del lado correspondiente. Las apotemas de un polígono regular son iguales.

El centro del polígono es O. $\angle AOB$ es un ángulo central. G es el punto medio de AF, $AG \cong FG$. OG es el apotema de AF, $OG \perp AE$. $\angle DEF$ es un ángulo interior.

Ejemplos:

1. De los seis polígonos siguientes identificar los que son:

a) equiláteros
b) equiángulos
c) regulares
d) irregulares

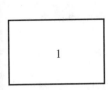 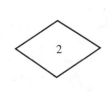    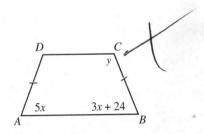

Solución:

a) equiláteros: 2, 3, 4, 5, 6
b) equiángulos: 1, 3, 4, 6
c) regulares: 3, 4, 6
d) irregulares: 1, 2, 5

2. Si $ABCD$ es un paralelogramo, hallar x y y.

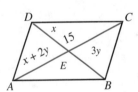

Solución:
Como las diagonales AC y BD se bisecan mutuamente, entonces $AE = EC$ y $BE = ED$, de modo que:

$$x + 2y = 15$$
$$x = 3y$$

Sustituyendo x por $3y$ en la primera ecuación:
$3y + 2y = 15$ de donde $y = 3$ como $x = 3y$ entonces $x = 9$.

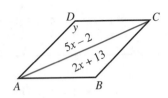

3. Si $ABCD$ es un rombo, hallar x y y.

Solución:
Como la diagonal AC es bisectriz de los ángulos cuyos vértices une, entonces $5x - 2 = 2x + 13$ de donde $x = 5$.

Por tanto, $5x - 2 = 23°$ y $\angle A = 2(23°) = 46°$, $\angle A$ y $\angle D$ son suplementarios, $y + 46 = 180°$ o sea $y = 134°$.

4. Si $ABCD$ es un trapecio, hallar x y y.

Solución:
Como $AD = BC$ el trapecio es isósceles, $\angle A = \angle B$ entonces $5x = 3x + 24$, $2x = 24$, $x = 12$, por tanto $y + (3x + 24) = 180°$, $y + 60° = 180°$, y $y = 120°$.

Ejercicios

Geométricos

2

1. Si *ABCD* es un paralelogramo, hallar *x* y *y* en los casos siguientes:

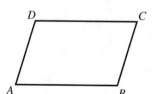

a) $AB = 5x$, $AD = 3x$, $BC = y$, perímetro $= 80$
b) $AB = 5y - 5$, $BC = 6x - 10$, $CD = 4y + 2$, $AD = 4x$.
c) $\angle A = 5x + 10$, $\angle C = 6x - 4$, $\angle B = y$
d) $\angle A = 5x + \angle B = 9x + 12$, $\angle C = y$
e) $\angle A = 4x + 10$, $\angle G = 3x + 25$, $\angle D = y$

2. Si *ABCD* es un paralelogramo, hallar *x* y *y* en los casos siguientes:

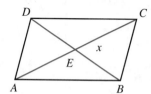

a) $AE = x + y$, $EC = 24$, $BE = 6$, $ED = x - y$
b) $AE = x$, $EC = 4y$, $BE = 20$, $DE = x - 2y$
c) $AE = 4x + 2$, $EC = 5x - 5$, $BE = 2x + y$, $DE = 4x - 8$
d) $AE = 3x + 2$, $AC = 40$, $BE = 28$, $DE = 2x + y$
e) $AE = 2x + y$, $EC = 27$, $BE = 4y$, $DE = x$

3. Si *ABCD* es un rombo, hallar *x* y *y* en los casos siguientes:

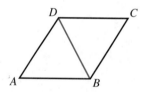

a) $BC = 30$, $CD = 5x - 5$, $BD = 6y$, $\angle C = 60°$
b) $AB = 25$, $AD = 4x + 1$, $BD = y + 9$, $\angle B = 120°$
c) $AB = 5x$, $AD = 7x - 6$, $CD = y$
d) $AB = x + y$, $AD = 2x - y$, $CD = 18$
e) $\angle ABD = 4x + 4$, $\angle DBC = 6x - 12$, $\angle B = y$

4. Si *ABCD* es un trapecio isósceles, hallar *x* y *y* en los casos siguientes:

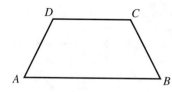

a) $A = 3x + 10$, $B = 70$, $C = y$, $D = 5x + 10$
b) $A = 5x + 10$, $B = 7x - 18$, $C = y$
c) $A = 2x$, $B = y$, $D = 3x$
d) $B = 4x$, $C = 5x$, $D = y$
e) $A = x$, $D = 2x$, $C = y$

5. Trazar un cuadrado

    a) de cinco centímetros por lado
    b) cuya diagonal mida 5 cm
    c) de lado igual a *AB*

    d) cuya diagonal es igual a *AC*

6. Trazar un rectángulo:

a) de base 5 cm y altura 3 cm

b) cuya diagonal mida 6 cm y forme un ángulo de 30° con la base

c) en el cual sus diagonales midan 5 cm y formen un ángulo de 60°

d) cuyas diagonales midan 4 cm y formen un ángulo de 100°

. Trazar un rombo:

a) cuyos lados midan 4 cm y el ángulo agudo sea de 60°

b) en el cual sus lados midan 5 cm y el ángulo obtuso sea de 100°

c) cuyas diagonales midan 3 cm y 5 cm

d) en el cual sus ángulos estén en la razón 3:2

. Trazar un trapecio:

a) isósceles cuyas bases midan 6 cm y 4 cm, y su altura sea de 2.5 cm

b) escaleno cuyas bases midan 5 cm y 3 cm, y los otros lados 2 cm y 2.5 cm

c) rectángulo cuyas bases midan 7 cm y 5 cm, y su altura sea de 3 cm

d) isósceles cuyas bases midan 4.5 cm y 3 cm, y cada lado mida 2 cm

. En las siguientes figuras identificar los polígonos que sean:

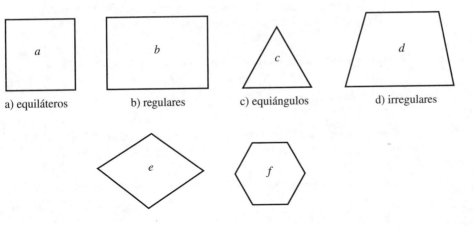

| a) equiláteros | b) regulares | c) equiángulos | d) irregulares |

· ·

Construcciones

Geométricas

Construir un cuadrado inscrito en una circunferencia dada.

Sea la circunferencia O.

1. Trazar el diámetro AC.

2. Con centro en O, aplicar la construcción de la perpendicular para determinar el diámetro BD perpendicular a AC.

3. Los puntos A, B, C y D dividen a la circunferencia en cuatro arcos iguales. Se unen A con B, B con C, C con D y D con A que son los lados del cuadrado pedido.

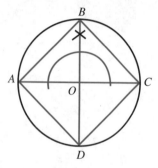

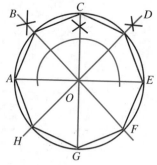

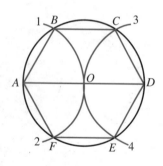

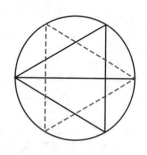

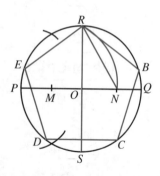

Así *ABCD* es el cuadrado buscado.

Construir un octágono regular inscrito en una circunferencia dada.

Sea la circunferencia *O*.

1. Trazar dos diámetros perpendiculares como en la construcción anterior.
2. Trazar las bisectrices de dos ángulos centrales consecutivos y prolongarlas de manera que contengan los diámetros que son perpendiculares entre sí.
3. La circunferencia resulta dividida en ocho arcos iguales y uniendo esos puntos las cuerdas resultantes son los lados del octágono regular deseado.

Construir un hexágono regular inscrito en una circunferencia dada.

Sea la circunferencia *O*.

1. Trazar el diámetro *AD*.
2. Con centro en *A* y radio *OA*, trazar el arco 1-2 que corta a la circunferencia en los puntos *B* y *F*.
3. Con centro en *D* y radio *OA*, trazar el arco 3-4 que corta a la circunferencia en los puntos *C* y *E*.
4. La circunferencia queda dividida en seis arcos iguales y uniendo esos puntos las cuerdas resultantes son los lados del hexágono pedido.

Construir un triángulo equilátero inscrito en una circunferencia dada.

Sea la circunferencia *O*.

Tomando como base la construcción anterior, se unen alternadamente los seis puntos de división para obtener el triángulo equilátero deseado.

Construir un pentágono regular inscrito en una circunferencia dada.

Sea la circunferencia *O*.

1. Trazar dos diámetros perpendiculares (*PQ* y *RS*).
2. Localizar el punto medio de *OP* y determinar *M*.
3. Con centro en *M* y radio *MR*, trazar un arco que corte a *OQ* en el punto *N*. El segmento *RN* es la longitud del lado del pentágono regular.
4. A partir de un punto de la circunferencia (en el ejemplo *R*) y con un radio *RN*, trazar arcos consecutivos que dividan a la circunferencia en cinco arcos iguales.
5. Las cuerdas correspondientes a los arcos iguales son los lados del pentágono regular buscado.

Construir un heptágono regular inscrito en una circunferencia dada.

Sea la circunferencia *O*.

Trazar el diámetro *PQ*.

Con centro en *Q* y radio *OQ*, trazar un arco que corte a la circunferencia en los puntos *R* y *S*. El segmento *RS* corta el diámetro *PQ* en el punto *T*, por lo que el segmento *ST* es la medida del lado del heptágono regular.

A partir del punto *P* de la circunferencia y con la medida del radio *ST*, trazar arcos consecutivos que dividan a la circunferencia en siete arcos iguales.

Las cuerdas correspondientes a los arcos son los lados del heptágono regular buscado.

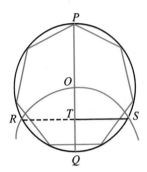

onstruir dos polígonos regulares que midan 1.5 cm y 2 cm por lado, respectivamente.

Sea *ABCDEFG* un heptágono regular.

Trazar todos los radios del heptágono regular dado.
Trazar el segmento *PQ* paralelo al lado *AB*, siendo *PQ* = 1.5 cm.
Con centro en *O* y radio *OP*, trazar una circunferencia que corte a los radios del heptágono en los puntos *P, Q, R, S, T, U, V.*
Uniendo los puntos consecutivos *P, Q, R, S, T, U, V,* se obtiene el heptágono regular cuyo lado mide 1.5 cm.

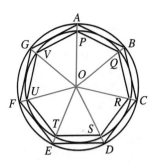

Sea *ABCDEFG* un heptágono regular.

Trazar todos los radios del heptágono regular dado y prolongar dichos radios.
Trazar el segmento *PQ* paralelo al lado *AB*, siendo *PQ* = 2 cm.
Con centro en *O* y radio *OP*, trazar una circunferencia que corte a las prolongaciones de los radios del heptágono regular en los puntos *P, Q, R, S, T, U, V.*
Uniendo los puntos consecutivos *P, Q, R, S, T, U, V,* se obtiene el heptágono regular cuyo lado mide 2 cm.

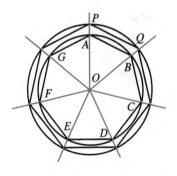

Ejercicios Geomètricos 3

1. En el siguiente hexágono regular identificar lo que se indica.

a) los lados son:
b) los vértices son:
c) la apotema es:
d) un ángulo central es:
e) un ángulo interior es:

2. Trazar un polígono regular de:

a) 5 lados
b) 6 lados
c) 7 lados
d) 8 lados
e) 10 lados

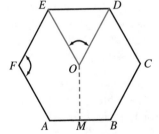

3. Trazar los siguientes polígonos regulares de 2 cm por lado.

a) un pentágono   b) un hexágono   c) un heptágono

d) un decágono   e) un dodecágono (de 1.5 cm por lado)

Suma de ángulos interiores de polígonos regulares

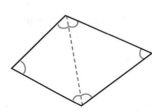

Sabemos que la suma de los ángulos interiores de un triángulo es igual a 180°, ahora bien, en el caso de un cuadrilátero ¿Cuánto suman sus ángulos interiores?

Si trazamos una de las diagonales del cuaerva que la suma de las medidas de los cuatro ángulos del cuadrilátero es igual a la suma de las medidas de los seis ángulos obtenidos (tres de cada triángulo), como la suma de los ángulos de un triángulo es 180° y se tienen dos triángulos, entonces 180° + 180° = 2(180°) = 360°. Por tanto, la suma de los ángulos internos de un cuadrilátero es de 360°.

Continuando con este procedimiento en polígonos de mayor número de lados y trazando desde uno solo de sus vértices todas las diagonales posibles se puede construir la siguiente tabla:

Polígono	Número de lados	Número de diagonales	Número de triángulos	Suma de los ángulos interiores
Triángulo	3	0	1	1(180°) = 180°
Cuadrilátero	4	1	2	2(180°) = 360°
Pentágono	5	2	3	3(180°) = 540°
Hexágono	6			
Heptágono	7			
Octágono	8			
n–ágono	n			

Sabemos que en un polígono el número de diagonales trazadas desde un vértice es igual al número de lados del polígono menos tres, de manera que en el caso del triángulo, el número de lados menos tres es 3 – 3 = 0 diagonales; para el cuadrilátero, 4 – 3 = 1 diagonales; para el pentágono, 5 – 3 = 2 diagonales y así sucesivamente.

Por otra parte, al trazar las diagonales desde un solo vértice del polígono se observa que el número de triángulos que se forman es igual al número de lados del polígono menos dos, así en el caso del triángulo, que no tiene diagonales, el número de triángulos que se obtienen es 3 – 2 = 1 triángulo, para el cuadrilátero 4 – 2 = 2 triángulos, el pentágono 5 – 2 = 3 triángulos, y así sucesivamente.

Como la suma de los ángulos internos de un triángulo es 180°, entonces la suma de los ángulos internos de un polígono es igual al número de triángulos por 180°, de ahí que en el triángulo, el número de triángulos (3 – 2) por 180° es 1(180°) = 180° para el cuadrilátero (4 – 2)(180°) = 2(180°) = 360°, para el pentágono (5 –2) 180° = 540°, y así sucesivamente.

Entonces la tabla completa nos queda así:

Polígono	Número de lados	Número de diagonales	Número de triángulos	Suma de los ángulos interiores
Triángulo	3	0	1	$1(180°) = 180°$
Cuadrilátero	4	1	2	$2(180°) = 360°$
Pentágono	5	2	3	$3(180°) = 540°$
Hexágono	6	3	4	$4(180°) = 720°$
Heptágono	7	4	5	$5(180°) = 900°$
Octágono	8	5	6	$6(180°) = 1080°$
n–ágono	n	$n-3$	$n-2$	$(n-2)(180°)$

Como en un polígono regular todos sus ángulos interiores miden lo mismo, porque son congruentes, la medida de uno cualquiera se obtiene dividiendo la suma de los ángulos internos del polígono entre el número de ángulos que es igual al número de lados.

Para un polígono regular de n lados, denotando al ángulo interior con la letra i, la medida del ángulo interior se expresa así:

$$\sphericalangle\, i = \frac{(n-2)180°}{n}$$

En un polígono regular la suma de sus ángulos centrales es igual a 360° y como todos ellos miden lo mismo, porque son congruentes, la medida de uno cualquiera se obtiene dividiendo 360° entre el número de ángulos centrales que es igual al número de lados del polígono. Se expresa así:

$$\text{medida del ángulo central} = \frac{360°}{n}$$

Ejemplos:

1. Calcular la medida del ángulo central de un pentágono regular.

   Solución:

   $$n = 5, \text{ medida del ángulo central} = \frac{360°}{5} = 72$$

2. Calcular la medida del ángulo interior de un pentágono regular.

   Solución:

   $$n = 5, \qquad \sphericalangle\, i = \frac{(n-2)180°}{n}$$

   $$= \frac{(5-2)180°}{5}$$

   $$= \frac{3(180°)}{5}$$

   $$= \frac{540°}{5}$$

   $$= 108°$$

3. Calcular el número de lados de un polígono regular cuyo ángulo interior mide 108°.

Solución:

$$\measuredangle\ i = \frac{(n-2)180°}{n}$$

$$108 = \frac{(n-2)180}{n}$$

$$108n = (n-2)180$$

$$108n = 180n - 360$$

$$360 = 180n - 108n$$

$$360 = 72n$$

$$\frac{360}{72} = n = 5$$

Si se desea cubrir una superficie con mosaicos, losetas o azulejos que tengan forma de polígonos regulares, de manera que no queden encimados ni superficie sin cubrir, esto sólo se puede lograr con triángulos equiláteros, cuadrados o hexágonos regulares. La razón es la siguiente:

Cada ángulo de un triángulo equilátero mide 60°, de manera que al unir en un vértice común seis triángulos equiláteros la suma de los ángulos es 6(60°) = 360°.

Cada ángulo de un cuadrado mide 90°, al unir en un vértice común cuatro cuadrados, la suma de sus ángulos es 4(90°) = 360°.

Cada ángulo de un hexágono regular mide 120°, al unir en un vértice común tres hexágonos regulares, la suma de sus ángulos es 3(120°) = 360°.

Lo anterior no ocurre con los demás polígonos regulares, pues si se unen tres pentágonos regulares, la suma de los ángulos en el vértice es menor de 360°, por tanto queda superficie sin cubrir y si se unen cuatro pentágonos regulares éstos quedan encimados, porque la suma de sus ángulos es mayor de 360°.

CÁLCULO DE PERÍMETROS Y ÁREAS

El perímetro de los triángulos ya ha sido tratado, por lo que ahora se verá lo relacionado con el perímetro de algunos cuadriláteros en particular y de los polígonos regulares en general.

PERÍMETRO DEL RECTÁNGULO

El perímetro del rectángulo se obtiene multiplicando por dos la suma de su ancho y su largo (es decir, base más altura).

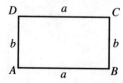

$P = a + b + a + b$

$P = a + a + b + b$

$P = 2a + 2b$

$P = 2(a + b)$ (Fórmula)

Ejemplo:

Calcular el perímetro de un rectángulo cuyas medidas son 25 m de largo y 18 m de ancho.

Datos	Fórmula	Sustitución y operaciones	Resultado
$a = 25$ m $b = 18$ m	$P = 2(a + b)$	$P = 2(25 + 18)$ $= 2(43)$ $= 86$	$P = 86$ m

PERÍMETRO DEL ROMBO

El perímetro del rombo se obtiene multiplicando por cuatro la longitud del lado.

$P = a + a + a + a$
$P = 4a$ (Fórmula)

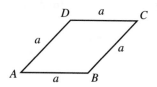

Ejemplo:

Calcular el perímetro de un rombo que mide 18 cm por lado.

Datos	Fórmula	Sustitución y operaciones	Resultado
$a = 18$ cm	$P = 4a$	$P = 4(18)$ $= 72$	$P = 72$ cm

PERÍMETRO DEL TRAPECIO

El perímetro de un trapecio se obtiene sumando lo que miden sus cuatro lados.

$P = a + b + c + d$ (Fórmula)

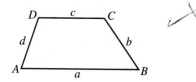

Ejemplo:

Calcular el perímetro de un trapecio cuyos lados miden 13 cm, 5 cm, 8 cm y 6 cm.

Datos	Fórmula	Sustitución y operaciones	Resultado
$a = 13$ cm $b = 5$ cm $c = 8$ cm $d = 6$ cm	$P = a + b +$ $c + d$	$P = 13 + 5 +$ $8 + 6 = 32$	$P = 32$ cm

PERÍMETRO DEL CUADRADO

El perímetro del cuadrado se obtiene multiplicando por cuatro la longitud del lado.

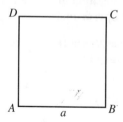

$$P = a + a + a + a$$
$$P = 4a \text{ (Fórmula)}$$

Ejemplo:

Calcular el perímetro de un cuadrado que mide 25 cm por lado

Datos	Fórmula	Sustitución y operaciones	Resultado
$a = 25$ cm	$P = 4a$	$P = 4(25)$ $= 100$	$P = 100$ cm

PERÍMETRO DE UN POLÍGONO REGULAR

El perímetro de un polígono regular se obtiene multiplicando la longitud de un lado por el número de lados. Si el número de lados es n y la longitud de un lado es l, el perímetro P es:

$$P = nl \quad \text{(Fórmula)}$$

Ejemplo:

Calcular el perímetro de un heptágono regular de 1.5 m por lado.

Datos	Fórmula	Sustitución y operaciones	Resultado
$n = 7$ $l = 1.5$ m	$P = nl$	$P = 7(1.5)$ $= 10.5$	$P = 10.5$ m

> **Área.** El área de una superficie es el número de unidades cuadradas o fracciones de ella que contiene.

ÁREA DEL CUADRADO

El área de un cuadrado se obtiene elevando al cuadrado la longitud de uno de sus lados.

Si la longitud del lado es a el área A es:

$$A = a^2 \text{ (Fórmula)}$$

emplo:

:alcular el área de un cuadrado que mide 25 m por lado:

Datos	Fórmula	Sustitución y operaciones	Resultado
$a = 25$ m	$A = a^2$	$A = 25^2$ $= 625$	$A = 625$ m^2

AEA DEL RECTÁNGULO

)ado un rectángulo de base b y altura h, si se trazan cuatro rectángulos iguales
él y se disponen como se indica en la figura, se forman dos cuadrados cuya
liferencia de áreas es el cuádruplo del área del rectángulo dado.

Restando las dos igualdades miembro a miembro obtenemos la diferencia de
as áreas de los cuadrados: $4A = 4bh$.

$$A = bh \text{ (Fórmula)}$$

:l área de un rectángulo se obtiene multiplicando
a base por la altura (o el largo por el ancho).

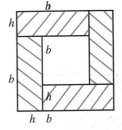

Área del cuadrado mayor
$(b + h)^2 = b^2 + 2bh + h^2$

Área del cuadrado menor
$(b - h)^2 = b^2 - 2bh + h^2$

jemplo:

:alcular el área de un rectángulo que mide 25 m de largo y 13 m de ancho:

Datos	Fórmula	Sustitución y operaciones	Resultado
$b = 25$ m $h = 13$ m	$A = bh$	$A = 25(13)$ $= 325$	$A = 325$ m^2

ÁREA DEL PARALELOGRAMO

Dado el paralelogramo $ABCD$, si desde los extremos
de su base se trazan perpendiculares al lado opuesto,
se forma el rectángulo $ABC'D'$.

El paralelogramo $ABCD$ y el rectángulo $ABC'D'$
son figuras equivalentes por tener la misma área, ya
que el triángulo BCC' es equivalente al triángulo
ADD'.

Si en el paralelogramo su base es b y su altura es h
entonces su área es:

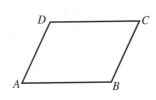

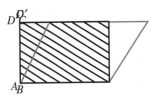

$$A = bh \quad \text{(Fórmula)}$$

El área de un paralelogramo se obtiene multiplicando la base por la altura.

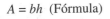

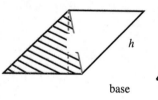

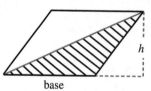

ÁREA DEL TRIÁNGULO

Dado un triángulo, si se traza otro igual a él y se disponen como se indica en las figuras, se forma un paralelogramo cuya área es el doble del área del triángulo dado.

La base y la altura del triángulo es la base y la altura del paralelogramo, por tanto:

Área del paralelogramo $= bh$ Área del triángulo $= \dfrac{bh}{2}$

Si en un triángulo su base es b y su altura es h entonces su área es:

$$A = : \frac{bh}{2}$$

El área de un triángulo es igual a la mitad del producto que resulta de multiplicar su base por su altura.

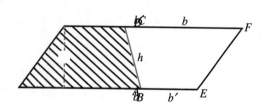

ÁREA DEL TRAPECIO

Dado el trapecio $ABCD$, si se traza otro igual a él y se dispone como se indica en la figura, se forma el paralelogramo $AEFD$ cuya área es el doble del trapecio dado.

En el paralelogramo $AEFD$ su base es AE y su altura es h, por tanto:

Área del paralelogramo $= (AE)h$ Área del trapecio $= \dfrac{(AE)\,h}{2}$

Siendo $AE = b + b'$ y sustituyendo AE por su igual, el área del trapecio es:

$$A = \frac{(b + b')h}{2}$$

El área de un trapecio es igual a la mitad del producto que resulta de multiplicar la suma de sus bases por su altura.

Ejemplo:

Calcular el área de un trapecio cuyas bases miden 13 m y 7 m, y su altura es de 5 m.

Datos	Fórmula	Sustitución y operaciones	Resultado
$b = 13$ m	$A = : \dfrac{(b + b')h}{2}$	$A = : \dfrac{(13 + 7)\,5}{2}$	$A = 50$ m^2
$b' = 7$ m		$= \dfrac{(20)5}{2}$	
$h = 5$ m		$= 50$	

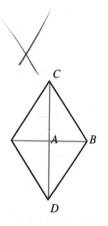

ÁREA DEL ROMBO

Sabemos que en un rombo las diagonales son perpendiculares entre sí y se cortan mutuamente por la mitad, de manera que se forman cuatro triángulos congruentes. En la figura, la diagonal *AB* divide al rombo en dos triángulos congruentes $\triangle ABC \cong \triangle ABD$; entonces el área del rombo es el doble del área de uno de los triángulos.

Si $AB = d_1$ y $CD = d_2$, el área del $\triangle ABC$ es:

$$A = \frac{d_1 \left(\frac{1}{2} d_2 \right)}{2}$$

Entonces el área del rombo es el doble del área del $\triangle ABC$.

$$\text{Área del rombo} = 2 \left[\frac{d_1 \left(\frac{1}{2} d_2 \right)}{2} \right]$$

$$A = \frac{1}{2} d_1 d_2$$

El área del rombo es igual a la mitad del producto que resulta de multiplicar sus diagonales.

Ejemplo:

Calcular el área de un rombo cuyas diagonales miden 12 cm y 8.5 cm.

Datos	Fórmula	Sustitución y operaciones	Resultado
$d_1 = 12$ cm	$A = \frac{d_1 \, d_2}{2}$	$A = \frac{12(8.5)}{2}$	$A = 51$ cm^2
$d_2 = 8.5$ cm		$= \frac{102}{2}$	
		$= 51$	

ÁREA DE UN POLÍGONO REGULAR

En un polígono regular, si de su centro se trazan segmentos a cada uno de sus vértices, se forman tantos triángulos iguales como lados tenga el polígono. El área del polígono regular será igual al área de un triángulo multiplicada por el número de triángulos. Si el lado del polígono es *l* y la altura de cada triángulo es *a* (apotema del polígono), el área de un triángulo es: $\frac{la}{2}$.

Si el polígono tiene *n* lados se forman *n* triángulos, entonces:

$$\text{Área del polígono } n \left(\frac{la}{2} \right)$$

Como *nl* es el perímetro *P* del polígono, el área de éste es:

$$A = \frac{Pa}{2}, \text{ o bien,} \qquad A = \frac{1}{2} Pa \quad \text{(Fórmula)}$$

El área de un polígono regular es igual a la mitad del producto que resulta de multiplicar su perímetro por su apotema.

Ejemplo:

Calcular el área de un hexágono regular que mide 10 cm de lado y 8.66 cm de apotema.

Datos	Fórmula	Sustitución y operaciones	Resultado
$n = 6$	$A = \dfrac{Pa}{2}$	$A = \dfrac{(6)(10)(8.66)}{2}$	$A = 259.8 \text{ cm}^2$
$l = 10$ cm		$= \dfrac{519.60}{2}$	
$a = 8.66$ cm		$= 259.8$	

Ejercicios

Geométricos

4

1. Calcular el perímetro de un rectángulo que mide 65 m de largo y 40 m de ancho.
2. Calcular el perímetro de un rectángulo que mide 87.5 m de base y 45 m de altura.
3. Calcular el perímetro de un rectángulo que mide 6.75 m de ancho y 1.65 m de largo.
4. Calcular el ancho de un rectángulo si su perímetro es 100 m y su largo mide 32.5 m.
5. Calcular la base de un rectángulo si su perímetro es 18.75 m y su altura mide 3.75 m.
6. Calcular el perímetro de un rombo que mide 65 cm por lado.
7. Calcular el perímetro de un rombo que mide 1.35 m por lado.
8. Calcular el perímetro de un rombo que mide 0.275 m por lado.
9. Calcular el lado de un rombo si su perímetro es de 65 m.
10. Calcular el lado de un rombo si su perímetro es de 0.5 m.
11. Calcular el perímetro de un trapecio cuyos lados miden 5.75 m, 3.5 m, 1.85 m y 2.3 m.
12. Calcular el perímetro de un trapecio isósceles cuyas bases miden 75 cm y 52 cm y cada uno de los lados iguales mide 39 cm.
13. Calcular el perímetro de un trapecio rectángulo si sus bases miden 13 m y 10 m, y los lados no paralelos miden 4 m y 5 m.
14. Calcular la medida del cuarto lado de un trapecio que tiene un perímetro de 54.5 m y tres de sus lados miden 21.75 m, 17.5 m y 6.25 m.
15. Calcular la medida de cada uno de los lados iguales de un trapecio isósceles que tiene un perímetro de 1.89 m y las bases miden 65 cm y 46 cm.
16. Calcular el perímetro de un cuadrado que mide 15 m por lado.
17. Calcular el perímetro de un cuadrado que mide 6.25 m por lado.
18. Calcular el perímetro de un cuadrado que mide 0.75 m por lado.
19. Calcular la medida del lado de un cuadrado que tiene un perímetro de 144 m.
20. Calcular la medida del lado de un cuadrado que tiene un perímetro de 15 m.
21. Calcular el perímetro de un polígono regular de cinco lados (pentágono) que mide 5 m por lado.

2. Calcular el perímetro de un hexágono regular que mide 2.50 m por lado.

3. Calcular el perímetro de un dodecágono regular de 0.30 m por lado.

4. Calcular el número de lados de un polígono regular si su perímetro es 16.25 m y el lado mide 1.25 m.

5. Calcular el número de lados de un polígono regular si su perímetro es 6 m y el lado mide 0.75 m.

6. Calcular el área de un cuadrado que mide 18.7 m por lado.

7. Calcular el área de un cuadrado que mide 0.45 m por lado.

8. Calcular el área de un cuadrado que mide 34 m por lado.

9. Calcular el lado de un cuadrado que tiene 576 m² de área.

0. Calcular el lado de un cuadrado que tiene 6.25 m² de área.

1. Calcular el área de un rectángulo que mide 18 m de ancho y 4 m de largo.

2. Calcular el área de un rectángulo que mide 19.5 m de largo y 10.5 m de ancho.

3. Calcular el área de un rectángulo que mide 75.3 m de base y 36 m de altura.

4. Calcular el ancho de un rectángulo que tiene un área de 62.5 m² y su largo mide 12.5 m.

35. Calcular la base de un rectángulo que tiene un área de 195 m² y su altura mide 7.5 m.

36. Calcular el área de un rombo cuyas diagonales miden 9.5 m y 15 m.

37. Calcular el área de un rombo cuyas diagonales miden 2.5 m y 1.75 m.

38. Calcular el área de un rombo cuyas diagonales miden 0.5 m y 0.75 m.

39. El área de un rombo es 22.5 m² y una de sus diagonales mide 9 m. Calcular la otra diagonal.

40. El área de un rombo es 0.45 m² y una de sus diagonales mide 0.75 m. Calcular la otra diagonal.

41. Calcular el área de un trapecio de 6 m de altura si sus bases miden 12.5 m y 8.75 m.

42. Calcular el área de un trapecio si sus bases miden 1.43 m y 0.75 m, y la altura mide 0.875 m.

43. Calcular el área de un trapecio si sus bases miden 0.94 m y 0.67 m, y la altura mide 0.57 m.

44. El área de un trapecio es 562.5 m² y las bases miden 28 m y 17 m. Calcular la altura.

45. El área de un trapecio es 35 m², su base mayor mide 28 m y su altura mide 1.55 m. Calcular su base menor.

46. Calcular el área de un pentágono regular que mide 2.5 m por lado y 1.72 m de apotema.

47. Calcular el área de un hexágono regular que mide 5 m por lado y 4.33 m de apotema.

48. Calcular el área de un octágono regular que mide 6 m por lado y 7.24 m de apotema.

49. Calcular el lado de un hexágono regular que tiene 16.2 m² de área y su apotema mide 2.16 m.

50. Calcular la apotema de un octágono regular que tiene 0.3168 m² de área y su lado mide 3 m.

51. Calcular el perímetro y el área de un cuadrado que mide 65 m por lado.

52. Calcular el perímetro y el área de un cuadrado que mide 8.64 m por lado.

53. Calcular el perímetro y el área de un cuadrado que mide 0.75 m por lado.

54. Calcular el área de un cuadrado cuyo perímetro es 25 m.

55. Calcular el perímetro de un cuadrado que tiene 156.25 m² de área.

56. Calcular el perímetro y el área de un triángulo que mide 27 m de ancho y 36 m de largo.

57. Calcular el perímetro y el área de un rectángulo que mide 23.5 m de base y 13.75 m de altura.

58. Calcular el perímetro y el área de un rectángulo que mide 1.25 m de largo y 0.75 m de ancho.

59. Calcular el área de un rectángulo si su perímetro es de 50 m y el ancho mide 7.5 m.

60. Calcular el perímetro de un rectángulo que tiene 78.125 m² de área y su base mide 12.5 m.

61. Calcular el perímetro y el área de un rombo si sus diagonales miden 6 m y 8 m.

62. Calcular el perímetro y el área de un rombo si sus diagonales miden 12 cm y 18 cm.

63. Calcular el perímetro y el área de un rombo que mide 10 m por lado y una de las diagonales mide 12 m.

64. Calcular el perímetro y el área de un rombo que mide 17 cm por lado y una de sus diagonales mide 30 cm.

65. Calcular el área de un rombo si su perímetro es de 1.64 m y una de sus diagonales mide 80 cm.

66. Calcular el perímetro y el área de un trapecio si sus bases miden 0.65 m y 0.40 m, los lados no paralelos miden 0.27 m y 0.30 m, y la altura mide 0.25 m.

67. Calcular el perímetro y el área de un trapecio si sus bases miden 51.5 m y 26.25 m los lados no paralelos miden 27.4 m y 21.6 m, y la altura mide 18.5 m.

68. Calcular el perímetro y el área de un trapecio si sus bases miden 36 m y 28 m, y su altura mide 15 m.

69. Calcular el perímetro y el área de un trapecio isósceles si sus bases miden 14 m y 8 m, y cada uno de sus lados iguales mide 5 m.

70. Calcular el perímetro y el área de un trapecio isósceles si sus bases miden 53 cm y 43 cm, y su altura mide 18 cm.

CÍRCULO Y CIRCUNFERENCIA

Es común que se utilicen circunferencia y círculo como sinónimos, sin embargo, aun cuando estos conceptos están estrechamente vinculados, tienen significados que es preciso distinguir para poder aplicarlos correctamente.

La circunferencia es una curva cerrada cuyos puntos están en un mismo plano y a igual distancia de otro punto interior fijo que se llama centro de la circunferencia.

El círculo es la superficie del plano limitado por una circunferencia.

Como se puede observar, la circunferencia es una línea y por ello sólo tiene longitud, mientras que el círculo es una superficie y por tanto tiene área.

La circunferencia o círculo se representan con el símbolo ⊙ la diferencia se obtiene del contexto.

El concepto de ⊙ se aplica en la transformación de medidas angulares.

Finalmente se estudia el perímetro de la circunferencia y el área del círculo.

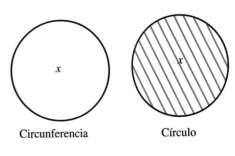

Circunferencia   Círculo

ELEMENTOS DE LA CIRCUNFERENCIA

Dentro de los elementos de la circunferencia se dan a conocer las líneas notables.

Cuerda. Es el segmento de recta que une dos puntos de la circunferencia.

Diámetro. Es la cuerda que pasa por el centro de la circunferencia.

Secante. Es la recta que corta a la circunferencia en dos puntos (partes).

Tangente. Es la recta que toca a la circunferencia en un punto. Este punto único se llama punto de tangencia o punto de contacto.

Radio. Es el segmento de recta que une el centro de la circunferencia con un punto cualquiera de la misma.

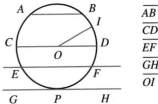

$\overline{AB}$	cuerda
$\overline{CD}$	diámetro
$\overline{EF}$	secante
$\overline{GH}$	tangente
$\overline{OI}$	radio

Obsérvese que el radio, la cuerda y el diámetro son segmentos de recta mientras que la secante y la tangente son rectas.

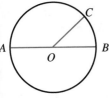

Semicircunferencia

AC arco AC
BC arco BC
$\overset{\frown}{ACB}$ arco ACB
$\overset{\frown}{CAB}$ arco CAB

Semicírculo

Arco: Es una parte de la circunferencia. Un arco se representa con el símbolo π] que se lee "arco".

Semicircunferencia. Es un arco de longitud igual a la mitad de la circunferencia.

Arco menor. Es aquel que mide menos que una semicircunferencia.

Arco mayor. Es aquel que mide más que una semicircunferencia.

En la figura $\widehat{AC}$ y $\widehat{ABC}$ son, respectivamente, un arco menor y un arco mayor. El uso de tres letras, en el segundo caso, es indispensable para distinguir los dos arcos. ACB es una semicircunferencia.

En lo sucesivo, la palabra arco se referirá a un arco menor, a menos que se especifique lo contrario.

Semicírculo. Es la región del plano comprendida entre un diámetro y la semicircunferencia correspondiente.

ÁNGULOS
• • • •

En el caso de los ángulos notables se demuestran los teoremas con los que se deducen las fórmulas para calcular sus respectivas medidas.

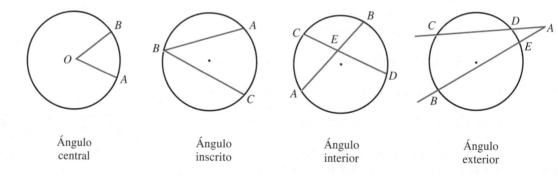

| Ángulo central | Ángulo inscrito | Ángulo interior | Ángulo exterior |

Ángulo central. Es aquel que está formado por dos radios. El $\angle AOB$ intercepta o subtiende al $\widehat{AB}$ o a la cuerda AB. También se dice que el arco $\widehat{AB}$ está comprendido entre los lados del ángulo.

Ángulo inscrito. Es aquel que está formado por dos cuerdas y tiene su vértice sobre la circunferencia. Un ángulo está inscrito en un arco, cuando tiene su vértice en el arco y los lados pasan por los extremos de éste. El $\angle B$ es un ángulo inscrito, sus lados son las cuerdas AB y BC. El $\angle B$ está inscrito en el ABC y subtiende el $\widehat{AC}$.

Ángulo interior. Es aquel que está formado por dos cuerdas que se cortan. El $\angle AEC$ (o bien su opuesto por el vértice $\angle BED$) es un ángulo interior, donde $\widehat{AC}$ y $\widehat{BD}$ son los arcos comprendidos entre sus lados. El $\angle AED$ (o bien su opuesto por el vértice $\angle BEC$) es un ángulo interior. $\widehat{AD}$ y $\widehat{BC}$ son los arcos comprendidos entre sus lados.

Ángulo exterior. Es aquel que está formado por dos secantes que se cortan en un punto fuera del círculo. El $\angle A$ es un ángulo exterior, $\widehat{BC}$ y $\widehat{DE}$ son los arcos comprendidos entre sus lados.

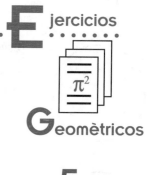

1. Dar el concepto de circunferencia.
2. Dar el concepto de círculo.
3. Trazar una circunferencia de radio igual a 2 cm.
4. Trazar un círculo de radio igual a 2 cm.
5. Dar el concepto de:
    a) radio   b) cuerda   c) diámetro   d) tangente   e) secante
6. Dar el nombre que corresponde a cada una de las líneas.
7. Dar el concepto de:
    a) ángulo central b) ángulo inscrito c) ángulo interior d) ángulo exterior
8. Dar el nombre que corresponde a cada uno de los siguientes ángulos:

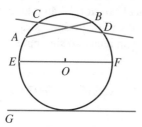

a) $\overline{AB}$ es:

b) $\overline{CD}$ es:

c) $\overline{OE}$ es:

d) $\overline{EF}$ es:

e) $\overline{FE}$ es:

f) $\overline{GH}$ es:

MEDIDA DEL ÁNGULO CENTRAL

Un ángulo central se mide por el arco comprendido entre sus lados.

La unidad para medir los ángulos es el grado que, como ya se ha dicho, equivale a la amplitud de rotación de una semirrecta que gira $\frac{1}{360}$ de vuelta alrededor de su origen.

La unidad para medir arcos es la longitud del arco comprendido entre los lados de un ángulo central que mide un grado.

$\frac{1}{360}$ de vuelta es un grado, unidad angular.

$\frac{1}{360}$ de circunferencia es un grado, unidad de arco.

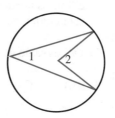

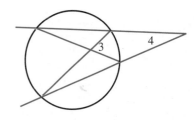

a) ∠ 1:
b) ∠ 2:
c) ∠ 3:
d) ∠ 4:

La medida de un ángulo central es igual a la del arco comprendido entre sus lados.

Obsérvese que la igualdad se ha establecido entre medidas, es decir, entre cantidades; pues ángulo y arco son conceptos diferentes.

> **Teorema:** Todo ángulo inscrito en una circunferencia tiene por medida la mitad de la del arco comprendido entre sus lados.

Plan: Consideremos los tres casos que se presentan en las figuras.

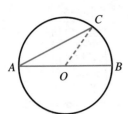

Hipótesis:

$\angle BAC$ es un ángulo inscrito

Tesis:

$$\angle BAC = \frac{\widehat{BC}}{2}$$

Caso I: Cuando uno de los lados del ángulo es un diámetro, trazar el radio OC y comparar $-BAC$ y $-BOC$.

Caso II: Cuando el centro de la circunferencia está en el interior del ángulo, trazar el diámetro AD, aplicando la de-mostración del caso I y también la igualdad siguiente:

$$\angle BAC = \angle BAD + \angle DAC$$

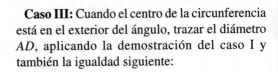

Caso III: Cuando el centro de la circunferencia está en el exterior del ángulo, trazar el diámetro AD, aplicando la demostración del caso I y también la igualdad siguiente:

$$\angle BAC = \angle DAC + \angle DAB$$

CASO I

Afirmaciones	Razones
1) $\angle BAC$ es un ángulo inscrito en la circunferencia de centro O.	1) Por hipótesis.
2) $\overline{OC}$ es radio de la $\odot O$.	2) Por construcción
3) $\angle A = \angle C$	3) Por ser ángulos opuestos a lados iguales de un triángulo isósceles.
4) $\angle BOC = \widehat{BC}$	4) La medida de un ángulo central es igual a la medida del arco comprendido entre sus lados.
5) $\angle A + \angle C = \angle BOC$	5) Un ángulo exterior de un triángulo es igual a la suma de los dos interiores no adyacentes a él.
6) $2\angle A = \widehat{BC}$	6) Por afirmaciones 3 y 4, y operaciones.
$\angle A = \dfrac{\widehat{BC}}{2}$	

CASO II

Afirmaciones	Razones
1) $\angle BAC$ es un ángulo inscrito en la $\odot O$.	1) Por hipótesis.
2) AD es diámetro de la $\odot O$.	2) Por construcción.
3) $\sphericalangle BAD = \dfrac{\widehat{BD}}{2}$, $\sphericalangle DAC = \dfrac{\widehat{DC}}{2}$	3) Demostración caso I.
4) $\sphericalangle BAC = \sphericalangle BAD + \sphericalangle DAC$	4) Por construcción.
5) $\sphericalangle BAD + \sphericalangle DAC = \dfrac{\widehat{BD} + \widehat{DC}}{2}$	5) De afirmación 3.
6) $\sphericalangle BAC, = \dfrac{\widehat{BC}}{2}$, $\sphericalangle A = \dfrac{\widehat{BC}}{2}$	6) De afirmaciones 4 y 5.

CASO III

Afirmaciones	Razones
1) $-BAC$ es un ángulo inscrito en la $\odot O$.	1) Por hipótesis.
2) $\overline{AD}$ es diámetro de la $\odot O$.	2) Por construcción.
3) $\sphericalangle DAC = \dfrac{\widehat{DC}}{2}$, $\sphericalangle DAB = \dfrac{\widehat{DB}}{2}$	3) Demostración caso I.
4) $\sphericalangle DAC - \sphericalangle DAB = \dfrac{\widehat{DC} - \widehat{DB}}{2}$	4) Por construcción.
5) $\sphericalangle BAC = \dfrac{\widehat{BC}}{2}$, $\sphericalangle A = \dfrac{\widehat{BC}}{2}$	5) De afirmaciones 3 y 4.

Corolario 1. Todo ángulo inscrito en una semicircunferencia es un ángulo recto.
Corolario 2. Todos los ángulos inscritos que comprenden un mismo arco o arcos iguales son iguales.

Ejemplo:

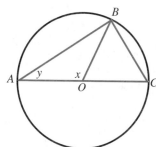

Solución

$\sphericalangle x = \widehat{AB}$, por tanto, $\widehat{AB} = 110°$
$BC = \widehat{ABC} - \widehat{AB} = 180° - 110° = 70°$

$\sphericalangle y = \dfrac{BC}{2} = \dfrac{70°}{2} = 35°$

Si $\sphericalangle x = 110°$, hallar $\sphericalangle y$

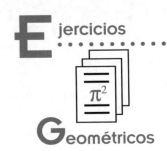

Ejercicios Geométricos

6

1. Si ABC es un triángulo inscrito, como se ilustra, hallar:

a) $\sphericalangle A$ si $\hat{a} = 100°$ y $\hat{c} = 200°$.

b) $\sphericalangle A$ si $AB \perp BC$ y $a = 100°$.

c) $\sphericalangle A$ si AC es un diámetro y $a = 100°$.

d) $\sphericalangle A$ si AC es un diámetro y $a{:}b = 3{:}2$.

e) $\sphericalangle B$ si $\widehat{ABC} = 235°$.

f) $\sphericalangle B$ si $\hat{a} + \hat{b} = 3c$.

g) $\sphericalangle B$ si $\hat{a} = 75°$ y $\hat{c} = 2b$.

h) $\sphericalangle C$ si $AB \perp BC$ y $\hat{a} = 3\,\hat{b}$.

i) $\hat{a}$ si $\hat{a} = 2\,\hat{b}$ y $\hat{b} = \dfrac{1}{2}\hat{c}$.

j) $\hat{a}$, $\hat{b}$ y $\hat{c}$ si $\hat{b} : \hat{a} : \hat{c} = 1 : 2 : 3$.

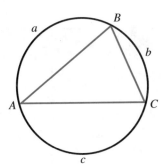

Teorema: Todo ángulo formado por dos cuerdas que se cortan (ángulo interior) tiene por medida la semisuma de las medidas de los arcos comprendidos entre sus lados.

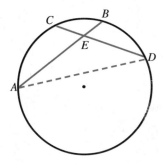

Hipótesis:

$\angle AEC$ es un ángulo formado por las cuerdas AB y CD que se cortan en E.

Tesis:

$$\sphericalangle AEC = \frac{\widehat{AC} + \widehat{BD}}{2}$$

Plan: Trazar la cuerda AD para construir dos ángulos inscritos y hacer uso de la propiedad del ángulo exterior de un triángulo.

RAZONAMIENTO

Afirmaciones	Razones
1) $\angle AEC$ es un ángulo formado por las cuerdas AB y CD que se cortan en E.	1) Por hipótesis.
2) AD es una cuerda de la $\odot O$.	2) Por construcción.
3) $\sphericalangle ADC = \dfrac{\overset{\frown}{AC}}{2}$, $\sphericalangle BAD = \dfrac{\overset{\frown}{BD}}{2}$	3) Por ser ángulos inscritos.
4) $\sphericalangle AEC = \angle ADC + \sphericalangle BAD$	4) Un ángulo exterior de un triángulo es igual a la suma de los dos interiores no adyacentes con él
5) $\sphericalangle AEC = \dfrac{\overset{\frown}{AC}}{2} + \dfrac{\overset{\frown}{BD}}{2}$ $\sphericalangle AEC = \dfrac{\overset{\frown}{AC} + \overset{\frown}{BD}}{2}$	5) De afirmaciones 2 y 3.

Ejemplo:

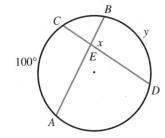

Si $\sphericalangle x = 85°$, hallar $\hat{y}$.

Solución:

$$\sphericalangle x = \frac{\overset{\frown}{AC} + \overset{\frown}{BD}}{2}$$

$$\sphericalangle 85° = \frac{100° + \hat{y}}{2}, \quad 170° = 100° + y$$

$$\hat{y} = 70°$$

2. Si AB y CD son cuerdas que se cortan en E, como se ilustra, hallar:

a) $\sphericalangle x$ si $\overset{\frown}{AC} = 90°$ y $\overset{\frown}{BD} = 70°$
b) $\sphericalangle x$ si $\overset{\frown}{AC}$ y $\overset{\frown}{BD}$ miden $60°$ cada uno
c) $\sphericalangle x$ si $\overset{\frown}{AC} + \overset{\frown}{BD} = 210°$
d) $\sphericalangle x$ si $\overset{\frown}{BC} + \overset{\frown}{AD} = 150°$
e) $\overset{\frown}{AC} + \overset{\frown}{BD}$ si $\sphericalangle x = 85°$
f) $\overset{\frown}{AC} + \overset{\frown}{BD}$ si $\sphericalangle x = 100°$
g) $\overset{\frown}{BC} + \overset{\frown}{AD}$ si $\sphericalangle x = 85°$
h) $\overset{\frown}{BC}$ si $\sphericalangle x = 60°$ y $\overset{\frown}{AD} = 160°$
i) $\overset{\frown}{BC}$ si $\sphericalangle y = 72°$ y $\overset{\frown}{AD} = 2\,BC$
j) $\overset{\frown}{BD}$ si $\sphericalangle y = 110°$ y $\overset{\frown}{AC} = 100°$

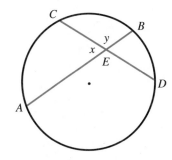

Teorema: Todo ángulo formado por dos secantes que se cortan fuera de la circunferencia (ángulo exterior) tiene por medida la semidiferencia de las medidas de los arcos comprendidos entre sus lados.

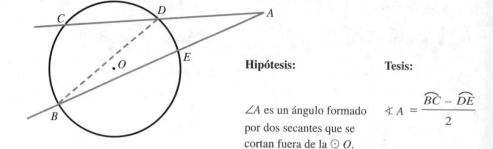

Hipótesis:

$\angle A$ es un ángulo formado por dos secantes que se cortan fuera de la $\odot O$.

Tesis:

$$\angle A = \frac{\widehat{BC} - \widehat{DE}}{2}$$

Plan: Trazar la cuerda *BD* para construir dos ángulos inscritos y hacer uso de la propiedad del ángulo exterior de un triángulo.

RAZONAMIENTO

Afirmaciones	Razones
1) $\angle A$ es un ángulo exterior de la $\odot O$.	1) Por hipótesis
2) *BD* es una cuerda de la $\odot O$.	2) Por construcción.
3) $\angle BDC = \dfrac{\widehat{BC}}{2}$, $\angle DBE = \dfrac{\widehat{DE}}{2}$	3) Por ser ángulos inscritos.
4) $\angle DBE + \angle A = \angle BDC$	4) Un ángulo exterior de un triángulo es igual a la suma de los dos interiores no adyacentes con él
5) $\angle A = \angle BDC - \angle DBE$ $$\angle A = \frac{\widehat{BC}}{2} - \frac{\widehat{DE}}{2}$$ $$\angle A = \frac{\widehat{BC}}{2} - \frac{\widehat{DE}}{2}$$	5) De afirmaciones 3 y 4.

Ejemplo:

Solución:

$$\angle x = \frac{\widehat{BC} - \widehat{DE}}{2} = \frac{100° - 40°}{2} = \frac{60°}{2} = 30°$$

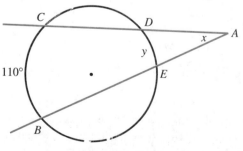

Si $y = 40°$, hallar $\angle x$.

Si *AB* y *AC* son secantes que se cortan en *A*, como se ilustra, hallar:

a) $\sphericalangle A$ si $\hat{c} = 90°$ y $\hat{a} = 40°$
b) $\sphericalangle A$ si $\hat{c} - \hat{a} = 82°$
c) $\sphericalangle A$ si $\hat{c} = \hat{a} + 40°$
d) $\hat{a}$ si $\hat{c} = 135°$ y $\sphericalangle A = 40°$
e) $\hat{c}$ si $\hat{a} = 60°$ y $\sphericalangle A = 40°$
f) $\hat{c} - \hat{a}$ si $\sphericalangle A = 65°$
g) $\hat{a}$ si $\hat{c} = 3\hat{a}$ y $\sphericalangle A = 25°$
h) $\hat{a}$ si $\hat{c} = 2\hat{a}$ y $\sphericalangle A = 35°$
i) $\sphericalangle A$ si $\hat{c} - \hat{a} = 150°$
j) $\sphericalangle A$ si $\hat{a} : \hat{b} : \hat{c} : \hat{d} = 1 : 2 : 3 : 4$

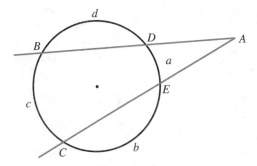

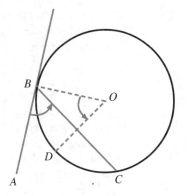

Teorema: Todo ángulo formado por tangente y cuerda (ángulo semi-inscrito) tiene por medida la mitad de la medida del arco subtendido por la cuerda.

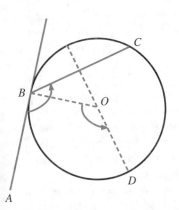

Hipótesis:

AB es tangente en *B*
a la $\odot$ *O*.

Tesis:

$$\sphericalangle B = \frac{\overarc{BDC}}{2}$$

Plan: Trazar el radio *OB* perpendicular a la tangente y $OD \perp BC$ para obtener dos ángulos que tienen sus lados respectivamente perpendiculares, que por tanto son iguales.

RAZONAMIENTO

Afirmaciones	Razones
1) $OB \perp AB$	1) El radio es perpendicular a la tangente en el punto de tangencia.
2) $OD \perp BC$	2) Por construcción.
3) $\angle ABC = \angle BOD$	3) Dos ángulos que tienen sus lados respectivamente perpendiculares y son de la misma clase son iguales.
4) $\angle BOD = \overarc{BD}$	4) La medida de un ángulo central es igual a la del arco comprendido entre sus lados.
5) $\overarc{BD} = \dfrac{\overarc{BDC}}{2}$	5) Todo radio perpendicular a una cuerda divide por mitad al arco subtendido por dicha cuerda.
6) $\angle ABC = \dfrac{\overarc{BDC}}{2}$	6) De afirmaciones 3,4,5.
$\angle B = \dfrac{\overarc{BDC}}{2}$	

CONCEPTO DE π

El número π (pi) expresa la relación que existe entre la longitud de una circunferencia (C) y su diámetro (d), π se define como la razón de C a d,

$\pi = \dfrac{C}{d}$ de donde $C = \pi d$, o bien, $C = \pi n$.

π es un número real irracional, pues su expansión decimal no es un número decimal periódico, es decir, no se repiten los dígitos ni tiene fin, y por tanto π no se puede expresar como el cociente de dos números enteros. Algunos valores aproximados de π son 3.1416, 3.14, $\dfrac{22}{7}$ y 3.1415926535.

Arquímedes utilizó polígonos regulares inscritos para encontrar un número real C al que llamó longitud de la circunferencia y partió del supuesto de que el segmento de recta que une dos puntos es menor que cualquier curva o línea poligonal que una a esos mismos puntos. Entonces el perímetro p_n de un polígono regular de n lados inscrito es menor que C y a medida que n crece, la longitud de p_n crece pero se mantiene siempre menor que C.

Arquímedes consideró los polígonos regulares circunscritos y supuso que el perímetro P_n de un polígono regular de n lados es mayor que C, para concluir que $p_n < C < P_n$ y que cuando n crece, P_n decrece pero es siempre mayor que C, de manera que cuando n es muy grande $P_n - p_n$ se aproxima a cero.

Por este procedimiento Arquímedes consiguió la siguiente aproximación de

$$\pi : 3\frac{10}{71} < \pi < 3\frac{10}{70}.$$

Considerando un hexágono regular inscrito en una circunferencia, sabemos que la medida del radio (r) es igual a la del lado del hexágono ($r = 1$). En la circunferencia de radio unitario ($r = 1$); $\pi = \dfrac{P}{d} = \dfrac{6}{2} = 3$.

Considerando un hexágono regular circunscrito a la circunferencia de radio unitario, la longitud de un lado del polígono es $\dfrac{2\sqrt{3}}{3}$ y por tanto:

$$\pi = \frac{P}{d} = \frac{6\left(\dfrac{2\sqrt{3}}{3}\right)}{2} = 2\sqrt{3} = 3.4641016$$

En la circunferencia de radio unitario $C = 2\pi r = 2\pi$. Considerando polígonos regulares de n lados, inscritos y circunscritos en la circunferencia de radio unitario, se encuentran los siguientes valores aproximados de π.

Número de lados del polígono regular n	Perímetro del polígono inscrito, p_n	Longitud de la circunferencia	Perímetro del polígono circunscrito, p_n
6	2(3.0000000)	< C <	2(3.4641016)
12	2(3.1058265)	< C <	2(3.2151900)
24	2(3.1326325)	< C <	2(3.1596673)
48	2(3.1393546)	< C <	2(3.1460919)
96	2(3.1410369)	< C <	2(3.1427201)
192	2(3.1414569)	< C <	2(3.1418776)
384	2(3.1415625)	< C <	2(3.1416675)
768	2(3.1415883)	< C <	2(3.1416153)
1536	2(3.1415918)	< C <	2(3.1415946)

TRANSFORMACIÓN DE MEDIDAS ANGULARES

En el sistema de medida circular o cíclica, se toma como unidad el ángulo cuya medida es la del arco de longitud igual al radio, este ángulo unidad se llama radián.

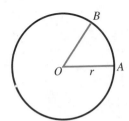

$\angle AOB$ es un radián
$\widehat{AB} = r$

Como la longitud de la circunferencia es: $C = 2\pi r$, si el radio $r = 1$, entonces $C = 2\pi$ radianes. Por otra parte, $C = 360°$.

$$2\pi = 360°$$

Dividiendo la igualdad entre 2π:

$$\frac{2\pi}{2\pi} = \frac{360°}{2\pi}$$

$$1 = \frac{180°}{\pi}$$

Es decir, una unidad en la medida circular es un radián y éste equivale en medida común a $\dfrac{180°}{\pi} = 57°\ 17'\ 45''$. Así $\dfrac{1}{2}$ radián será igual $\dfrac{57°17'45''}{2}$ $28°38'52''$ y dos radianes equivalen a $2(57°\ 17'45'') = 114°\ 35'30''$.

Para expresar en medida ordinaria un arco expresado en medida cíclica, se sustituye π por 180° y 1 por $57°\ 17'45''$.

Ejemplos:

$$\frac{3\ \pi + 1}{4} = \frac{3(180) + 57°\ 17'\ 45''}{4} = 149°19'26''$$

$$\pi + \frac{1}{2} = 180° + 28°\ 38'52'' = 208°\ 38'52''$$

Dividiendo la igualdad: $2\pi = 360°$ entre 360°, nos queda:

$$\frac{2\ \pi}{360°} = \frac{360°}{360°} \qquad\qquad \frac{\pi}{180°} = 1° = 0.017453$$

Para expresar en medida cíclica un arco, expresado en medida ordinaria se multiplica esta medida por $\dfrac{\pi}{180°}$.

Ejemplos:

$$30° = 30°\left(\frac{\pi}{180°}\right) = \frac{30°\ \pi}{180°} = \frac{\pi}{6}$$

$$150° = 150°\left(\frac{\pi}{180°}\right) = \frac{150°\ \pi}{180°} = \frac{5\ \pi}{6}$$

Dado que un radián es igual a $\dfrac{180°}{\pi}$, el proceso inverso es:

$$\frac{\pi}{6} = \frac{\pi}{6}\left(\frac{180°}{\pi}\right) = \frac{180°}{6}\ 30°$$

$$\frac{5\ \pi}{6} = \frac{5\ \pi}{6}\left(\frac{180°}{\pi}\right) = \frac{5\ (180°)}{6} = 150°$$

Ejercicios

π^2

Geométricos

7

1. Expresar en radianes

a) 0°	b) 30°	c) 45°	d) 60°	e) 90°
f) 180°	g) 210°	h) 225°	i) 240°	j) 100°
k) 217°	l) 17°	m) 120°	n) 12°	o) 270°
p) 330°	q) 315°	r) 3°	s) 135°	t) 160°
u) 300°				

Expresar en grados

a) $\dfrac{\pi}{2}$ b) $\dfrac{\pi}{6}$ c) $\dfrac{\pi}{3}$

d) $\dfrac{\pi}{4}$ e) π f) $\dfrac{3\pi}{4}$

g) $\dfrac{5\pi}{4}$ h) $\dfrac{7\pi}{4}$ i) $\dfrac{4\pi}{6}$

j) $\dfrac{7\pi}{6}$ k) $\dfrac{10\pi}{6}$ l) $\dfrac{11\pi}{6}$

m) $\dfrac{2\pi}{9}$ n) $\dfrac{5\pi}{9}$ o) $\dfrac{7\pi}{9}$

p) $\dfrac{11\pi}{9}$ q) $\dfrac{\pi}{10}$ r) $\dfrac{\pi}{12}$

s) $\dfrac{\pi}{15}$ t) 16π u) $\dfrac{1}{3}$

PERÍMETRO

Se ha establecido que π es la razón entre la longitud de la circunferencia y la longitud del diámetro, lo cual se expresa así: $\pi = \dfrac{C}{d}$ entonces $C = \pi d$ y como el diámetro es igual a dos radios $(d = 2r)$ $C = 2\pi r$.

La longitud de una circunferencia se obtiene multiplicando π por el diámetro, o lo que es lo mismo π por el doble del radio.

Ejemplos:

1. Calcular la longitud de una circunferencia que mide 5 cm de radio.

Datos	Fórmula	Sustitución y operaciones	Resultado
$r = 5$ cm	$C = 2\pi r$	$C = 2\,(3.1416)\,(5)$ $= 10\,(3.1416)$ $= 31.416$	$C = 31.416$ cm

2. Calcular la longitud de una circunferencia que mide 5 cm de diámetro.

Datos	Fórmula	Sustitución y operaciones	Resultado
$d = 5$ cm	$C = \pi d$	$C = (3.1416)(5)$ $= 15.708$	$C = 15.708$

ÁREA

Considerando el círculo como un polígono regular de un número ilimitado de lados, el área del círculo se puede obtener aplicando la fórmula para los polígonos regulares, $A = \dfrac{P\,a}{2}$ sólo que el perímetro del círculo es la longitud de la circunferencia ($P = C = 2\pi r$) y la apotema es igual al radio ($a = r$)

Por tanto:

$$A = \frac{P\,a}{2}$$

$$A = \frac{(2\,\pi\,r)(r)}{2}$$

$$A = \frac{2\,\pi\,r^2}{2}$$

$$A = \pi\,r^2$$

El área de un círculo se obtiene multiplicando π por el cuadrado del radio.

Ejemplos:

1. Calcular el área de un círculo que mide 5 m de radio.

Datos	Fórmula	Sustitución y operaciones	Resultado
$r = 5$ m	$A = \pi\,r^2$	$A = (3.1416)(5^2)$ $= (3.1416)\,25$ $= 78.54$	$A = 78.54$ m^2

2. Calcular el área de un círculo si su circunferencia mide $18\,\pi$.

Datos	Fórmula	Sustitución y operaciones	Resultado
$C = 18\,\pi$	$C = 2\,\pi\,r$ $A = \pi\,r^2$	$C = 2\,\pi\,r = 18\,\pi$ $= 2\,\pi\,r = 18\,\pi$ $2\,r = 18$ $r = 9$ $A = \pi\,r^2$ $= (3.1416)(9^2)$ $= (3.1416)(81)$ $= 254.4696$	$A = 254.4696$u^2

Construcciones

Geométricas

• •

Construir la tangente a una circunferencia dada en un punto determinado de ella.

Sean la circunferencia O y un punto P de ella.

1. Trazar y prolongar el radio OP.
2. En P se aplica la primera construcción y se determina AB.

AB es la recta tangente a la circunferencia O en el punto P, siendo éste el punto de tangencia.

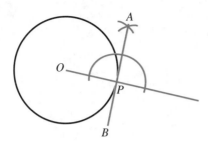

Obsérvese que el radio es perpendicular a la tangente en el punto de tangencia.
Construir una tangente a una circunferencia dada desde un punto exterior a ella.
Sean la circunferencia O y un punto P exterior a ella.

1. Trazar el segmento OP.
2. Se determina el punto medio del segmento OP.
3. Con centro en M y radio OM, trazar una circunferencia que corte a la circunferencia dada en los puntos A y B.
4. Trazar las rectas PA y PB, siendo éstas las tangentes a la circunferencia dada.

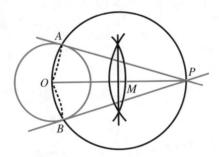

Ejercicios

Geomètricos

8

1. Calcular la longitud de una circunferencia que mide:

   a) 2.5 m de radio.
   b) 4 cm de radio.
   c) 1.25 m de radio.
   d) 2.5 m de diámetro.
   e) 1.25 m de diámetro.

2. Si la longitud de una circunferencia mide:

   a) 18.8496 m, hallar el radio.
   b) 9.4248 m, hallar el diámetro.
   c) 62.8320 m, hallar el diámetro.
   d) 47.6240 cm, hallar el radio.
   e) 39.2072 cm, hallar el diámetro.

3. Calcular el área de un círculo que mide:

   a) 3 m de radio.
   b) 2.5 m de radio.

c) 1.5 m de diámetro.
d) 7.5 cm de diámetro.
e) 2.5 m de radio.

4. Dado un círculo que tiene un área de:

a) 12.5664 m², hallar el radio.
b) 0.7854 m², hallar el diámetro.
c) 28.2744 m², hallar la longitud de su circunferencia.
d) 25π, hallar la longitud de su circunferencia.
e) 324π, hallar la longitud de su circunferencia.

5. Dado un círculo, determinar en términos de π:

a) La longitud de su circunferencia y su área si el radio es 5.
b) El radio y el área si la longitud de la circunferencia es 16π.
c) El radio y la longitud de la circunferencia si el área es de 16π.
d) El radio y el área si la longitud de la circunferencia es 25π.
e) El radio y la longitud de la circunferencia si el área es 25π.

6. En las siguientes figuras calcular el área de la región sombreada. El punto resaltado representa el centro de una circunferencia o de un círculo.

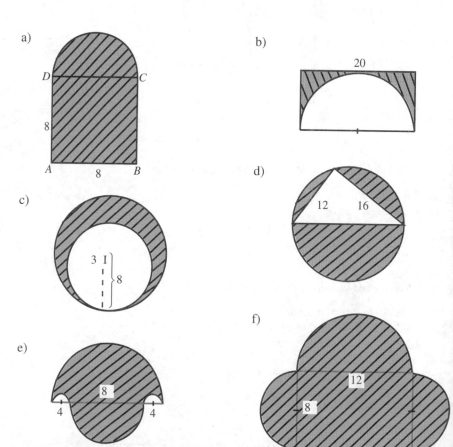

MOVIMIENTO DE LAS FIGURAS

El trazo de figuras geométricas requiere en algunos casos de la aplicación de movimientos como el de traslación o el de rotación.

La ejecución de dichos movimientos nos permite explicar y comprender la simetría de las figuras. Esto tiene como base el conocimiento de las características y propiedades de la simetría con respecto a un punto (simetría central) así como con respecto a un eje (simetría axial).

El movimiento de las figuras nos permite comprender diversos aspectos de la geometría plana y del espacio para su aplicación en la resolución de problemas.

Cuando en un plano se cambia la posición de una figura sin que se altere su forma ni sus dimensiones se dice que se ha efectuado un movimiento rígido, el cual puede ser de dos clases: de traslación y de rotación.

TRASLACIÓN RECTILÍNEA

Una puerta o ventana corrediza cambia de posición deslizándola sobre sus guías. A esta clase de movimiento se le llama de traslación. De manera semejante se pueden efectuar movimientos de traslación con las escuadras al colocarlas en un mismo plano, manteniendo una fija y la otra deslizándose sobre un borde común.

Si sólo se considera la cara de la escuadra móvil que está en contacto con el papel, se observa que:

a) Todos los puntos de dicha cara permanecen en el mismo plano.
b) Hay una recta fija, correspondiente con la orilla del borde de la escuadra fija, sobre la que se ejecuta el movimiento.
c) A dicha recta fija pertenece el segmento de recta que forma la orilla del borde común en la escuadra móvil.

En este cambio de posición se llama directriz del movimiento a la recta fija. Todos los puntos de la figura que se traslada describen trayectorias que son segmentos rectilíneos iguales, paralelos entre sí y paralelos a la directriz, por lo que cualquiera de esas trayectorias se puede utilizar como directriz del movimiento.

PUNTOS HOMÓLOGOS

Al efectuar un movimiento de traslación con una figura, un punto y su trasladado se llaman homólogos o correspondientes.

Además de los puntos, los lados y ángulos que coinciden reciben el nombre de elementos homólogos.

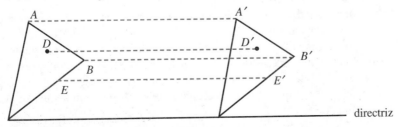

directriz

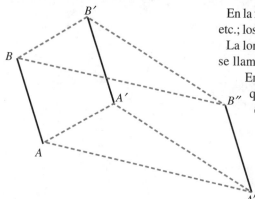

En la figura anterior son elementos homólogos los puntos A y A', B y B', C y C', etc.; los ángulos A y A', B y B', C y C'; los lados AB y $A'B'$, BC y $B'C'$, AC y $A'C'$.

La longitud del segmento que une dos puntos homólogos, tales como A y A', se llama amplitud del movimiento, que en este caso es de 5.5 cm.

En todo segmento de recta de la figura, no paralelo a la directriz, se observa que al hacer la traslación todos sus puntos avanzan la misma distancia, es decir, la amplitud es la misma entre cada par de puntos homólogos, por lo que el segmento trasladado se conserva paralelo a su posición original.

Por consiguiente, dos rectas situadas en un mismo plano son paralelas si se pueden hacer coincidir mediante un movimiento de traslación.

Como una aplicación de este principio, se hace el trazo de paralelas utilizando las escuadras en la forma ya descrita.

Consideremos el segmento de recta AB (contenido en la recta que determinan los puntos A y B) y efectuemos con él una doble traslación de manera que pase primero a la posición $A'B'$ y después a la posición $A''B''$.

Como se observa, el segmento se puede trasladar de la posición AB a la posición $A''B''$ con un solo movimiento. Por tanto dos traslaciones sucesivas se pueden sustituir por una sola. Esto da lugar a la pro-posición: Dos rectas paralelas a una tercera son paralelas entre sí.

EJECUCIÓN DE TRASLACIONES

a) Ejecutar la traslación de un punto dado, conociendo la directriz.

Sea la recta l la directriz y P un punto exterior a ella. Efectuar con P una traslación hacia la derecha con una amplitud de 4 cm.

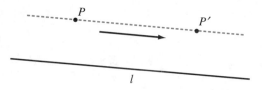

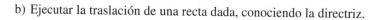

Se traza por P una recta paralela a la directriz l y sobre esa paralela se localiza el punto P' situado 4 cm a la derecha de P.

b) Ejecutar la traslación de una recta dada, conociendo la directriz.

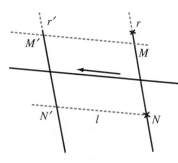

Sea r una recta cualquiera y l la directriz dada. Realizar con la recta r una traslación hacia la izquierda de 35 mm.

Se toman dos puntos cualesquiera de la recta, tales como M y N, y se les traslada con la amplitud que se requiere para obtener los puntos M' y N' que determinan la posición de la recta trasladada.

Los radios que van del centro de rotación a cada par de puntos homólogos forman ángulos iguales.

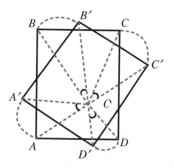

En la figura anterior los ángulos AOA', BOB', COC' y DOD' son iguales. El valor de cualquiera de estos ángulos es la amplitud de rotación y por tanto todos los puntos de la figura giran con igual amplitud alrededor del centro. En consecuencia, cualquier par de rectas homólogas forman un ángulo de igual amplitud al de rotación.

SIMETRÍA CENTRAL

Consideremos las figuras ABC y $A'B'C'$ que sean coincidentes mediante una rotación de $180°$ alrededor de O.

Estas figuras son simétricas respecto al centro de rotación O al que se le llama centro de simetría.

Los puntos homólogos, tales como A y A', son los extremos de un segmento cuyo punto medio es O, por tanto, $\overline{OA} \cong \overline{OA}$ significa que A y A' son puntos simétricos.

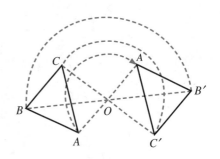

Los elementos homólogos son simétricos respecto al centro de simetría.

En la figura se puede observar que dos segmentos homólogos cualesquiera, tales como $\overline{BC}$ y $\overline{B'C'}$, son paralelos entre sí y, en consecuencia, también son paralelas las dos rectas que contienen esos segmentos.

Por tanto:

Si dos rectas son simétricas con respecto a un punto, entonces son paralelas.

Si dos semirrectas son simétricas con respecto a un punto, entonces son paralelas y de sentidos opuestos.

Si dos segmentos son simétricos con respecto a un punto, entonces son iguales y paralelos.

Si dos figuras son simétricas con respecto a un punto, entonces son iguales, ya que se pueden hacer coincidir mediante una rotación de $180°$.

CENTRO DE SIMETRÍA DE UNA FIGURA

Un punto es el centro de simetría de una figura cuando dos puntos cualesquiera de la misma son simétricos con respecto a dicho punto.

En una circunferencia su centro es el centro de simetría, pues los extremos de un diámetro cualquiera son simétricos con respecto al centro.

En un paralelogramo sus diagonales se intersecan en un punto que es el centro de simetría de la figura.

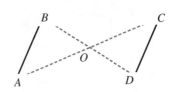

Considere los segmentos AB y CD simétricos con respecto al centro O.

Por tanto, los segmentos AB y CD son paralelos e iguales. Si se unen A con D y B con C se forma el cuadrilátero $ABCD$ en el que los lados AD y BC son simétricos con respecto al punto O debido a que sus extremos lo son. En consecuencia, $ABCD$ es un paralelogramo en el que cada lado es simétrico de su opuesto con respecto al punto O.

Los polígonos regulares con un número par de lados tienen simetría central. El centro de simetría es el centro del polígono.

TRAZADO DE FIGURAS SIMÉTRICAS

a) Trazar dos puntos simétricos con respecto a un punto dado.

Sean A un punto cualquiera y O el centro de simetría propuesto.

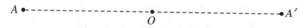

Se traza una recta por A y O y se localiza en ella el punto A' que es el simétrico de A y se encuentra a una distancia igual a OA.

b) Trazar un segmento simétrico a otro dado por un punto fuera de éste.

Sean MN el segmento dado y O un punto exterior a él.

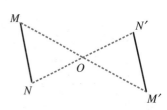

Se toma el punto O como centro de simetría para trazar los puntos simétricos de los extremos del segmento MN, es decir M' y N' los cuales al unirse determinan el segmento que se busca.

c) Trazar dos rectas simétricas con respecto a un punto.
   Sea l una recta cualquiera y O el punto dado.

Se toman P y Q, dos puntos cualesquiera de la recta dada, y se trazan sus simétricos con respecto al punto O para obtener P' y Q' los cuales determinan la recta simétrica que se busca.

d) Trazar un polígono simétrico de otro dado con respecto a un punto.
   Sea $ABCDE$ un polígono y O el centro de simetría propuesto.

Se toma O como centro de simetría y se trazan los simétricos de cada vértice. Los puntos obtenidos A', B', C', D' y E' se unen para determinar los segmentos simétricos que corresponden a cada lado de la figura que se busca.

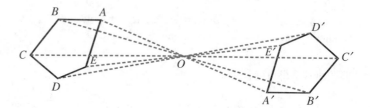

ejercicios

Geométricos

9

1. ¿Qué nombre se da a dos figuras planas que se pueden hacer coincidir mediante una rotación de $180°$ alrededor de un punto fijo?

2. ¿Cómo son los puntos extremos de un diámetro con respecto al centro del círculo?

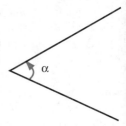

3. ¿Cuántos puntos simétricos de un punto dado se pueden trazar con respecto a un punto fijo?

4. ¿Cómo son los lados homólogos de dos figuras con simetría central?

5. Trazar el simétrico del ángulo dado cuyo vértice es el centro de simetría. ¿Qué clase de ángulos se obtienen?

6. ¿Cómo son entre sí dos segmentos de recta simétricos con respecto a un punto fijo?

7. ¿Todos los polígonos regulares tienen simetría central? ¿Por qué?

8. Usando la simetría central, ¿de qué manera se puede demostrar que son iguales los ángulos alternos internos entre paralelas?

9. Utilizar el punto P como centro de simetría para trazar la figura simétrica del polígono $ABCDE$.

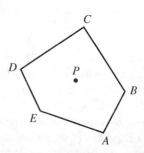

10. Con un radio de 3 cm trazar un círculo y en él dos cuerdas simétricas. ¿Cómo son entre sí esas cuerdas?

SIMETRÍA AXIAL
• • • • • • • • •

En un mismo plano dos puntos tienen simetría axial, es decir, son simétricos con respecto a una recta, cuando pertenecen a una misma perpendicular a la recta y están situados a igual distancia de ella. A esa recta se le llama eje de simetría.

En la figura, los puntos A y A', B y B', C y C', tienen simetría axial.

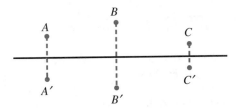

Con respecto a un eje, un punto cualquiera del plano tiene un simétrico y sólo uno.

Considere que la figura ABC gira alrededor de la recta r con un movimiento rígido, entonces la figura tendrá que salirse del plano en el que se encuentra situada para poder girar, como ocurre con el plano de una pared en la que se abre una puerta que gira sobre sus bisagras.

Si el movimiento se hace exactamente con un giro de $180°$ alrededor de la recta r entonces la figura ABC queda en el mismo plano en que estaba originalmente sólo que en la posición $A'B'C'$. De esta manera, los puntos A y A', B y B', C y C' son simétricos y en consecuencia el lado AB es simétrico del lado $A'B'$, el ángulo B es simétrico del ángulo B', etcétera.

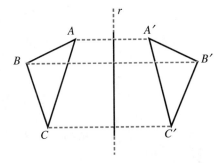

De lo anterior se infiere que dos figuras son simétricas con respecto a un eje, o sea, tienen simetría axial, cuando después de un giro de $180°$ alrededor del eje se pueden hacer coincidir, es decir, las dos figuras son iguales. Esto se observa cuando se dobla por el eje una figura simétrica dibujada en una hoja de papel. A este tipo de congruencia se le llama congruencia inversa, mientras que en el movimiento de traslación en que la figura sólo cambia de posición dentro del mismo plano la congruencia es directa.

Sean r y r' dos rectas simétricas con respecto al eje l y no paralelas a él.

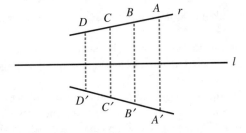

A cada punto de una recta le corresponde su simétrico en la otra recta, de tal manera que A y A', B y B', etc., están a igual distancia del eje. En la figura se observa que, a medida que se avanza hacia la izquierda, se reduce la distancia de cada par de puntos simétricos con respecto al eje hasta que llega el momento en que las dos distancias son cero, es decir, las dos rectas se cortan en un mismo punto del eje.

Por tanto:

Dos rectas simétricas con respecto a un eje y no paralelas a él, se cortan en un mismo punto de dicho eje.

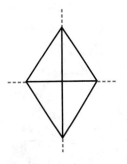

Como consecuencia, esas rectas forman con el eje ángulos simétricos e iguales, por ello, el eje de simetría de un ángulo es su bisectriz.

Una recta es eje de simetría de una figura cuando las dos partes en que la divide se hacen coincidir mediante una rotación de 180° fuera del plano alrededor de dicha recta. Por ejemplo, en un rombo sus diagonales están contenidas en los dos ejes de simetría de la figura.

TRAZADO DE FIGURAS SIMÉTRICAS CON RESPECTO A UN EJE

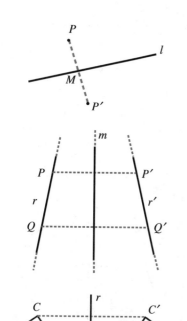

a) Trazar un punto simétrico de otro dado con respecto a un eje.

Sea l el eje y P un punto exterior a él.

Se traza por P una recta perpendicular al eje l y se designa con M al punto de intersección del eje con la perpendicular. Se localiza sobre ésta a P' simétrico de P con respecto al punto M y también con respecto al eje l.

b) Trazar una recta simétrica de otra dada con respecto a un eje.

Sea r la recta dada y m el eje propuesto.

Sobre la recta r se marcan dos puntos cualesquiera P y Q, y con respecto al eje m se localizan sus simétricos P' y Q', que determinan la posición de la recta r' buscada.

c) Trazar dos figuras simétricas con respecto a un eje.

Sea $ABCDE$ un polígono y r el eje propuesto.

Se trazan los puntos simétricos de cada uno de los vértices del polígono con respecto al eje dado. Los puntos A', B', C', D' y E' así obtenidos determinan la posición de los lados de la figura que son simétricos con respecto al eje y por tanto $A'B'C'D'E'$ es el simétrico del polígono $ABCDE$.

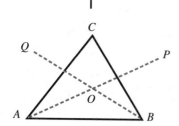

BISECTRICES DE LOS ÁNGULOS DE UN TRIÁNGULO

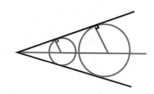

Sean ABC un triángulo cualquiera y AP y BQ dos de las bisectrices de sus ángulos.

Un ángulo tiene como eje de simetría su bisectriz, por lo que cualquier punto de ésta se toma como centro de una circunferencia que sea tangente a los dos lados del ángulo.

En la siguiente figura, O es el punto de intersección de las bisectrices AP y BQ, por lo que se puede tomar como centro de la circunferencia tangente a los dos lados del ángulo A, que es a la vez tangente a los lados del ángulo B, es decir, la circunferencia es tangente a los tres lados del triángulo.

A esta circunferencia se le llama incircunferencia o circunferencia inscrita en el triángulo, y a su centro se le llama incentro.

Como esta circunferencia es tangente a los tres lados del triángulo, lo es también a los dos lados del ángulo C y, por tanto, el centro de esa circunferencia es un punto de la bisectriz del ángulo C; esto significa que la bisectriz del tercer ángulo del triángulo pasa por el punto de intersección de las otras dos.

En consecuencia, las tres bisectrices de los ángulos de un triángulo se cortan en un mismo punto que es el centro de la circunferencia inscrita.

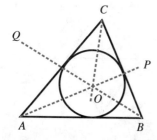

MEDIATRICES DE LOS LADOS DE UN TRIÁNGULO

La perpendicular mediatriz de un segmento es su eje de simetría, esto significa que cualquiera de sus puntos está a igual distancia de los extremos del segmento.
Si P es un punto cualquiera de la mediatriz del segmento AB, las distancias del punto a los extremos del segmento PA y PB son dos segmentos simétricos con respecto a la mediatriz y por tanto son iguales.

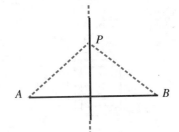

Sea ABC un triángulo cualquiera y m y n las perpendiculares mediatrices de los lados AB y BC respectivamente.
Las mediatrices se cortan en el punto O que por estar en la mediatriz m equidista de los extremos del segmento AB y por estar en la mediatriz n equidista de los extremos del segmento BC. Por tanto, el punto O equidista de los tres vértices del triángulo ABC.
Este punto es el centro de una circunferencia que pasa por los tres vértices del triángulo, a la que se llama circuncircunferencia o circunferencia circunscrita, y a cuyo centro se le llama circuncentro.
El punto O equidista de los extremos del segmento AC, o sea, que es un punto de la mediatriz de ese lado, la cual pasa por el punto de intersección de las otras dos.
Por tanto, las tres mediatrices de los lados de un triángulo se cortan en un mismo punto que es el centro de la circunferencia circunscrita.

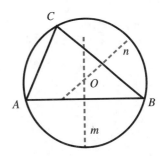

DIÁMETROS Y CUERDAS DE UN CÍRCULO

El círculo es una figura que tiene simetría axial; el diámetro es su eje de simetría.
Si dos círculos de igual diámetro son secantes, la cuerda común y la línea de los centros son ejes de simetría de la figura.

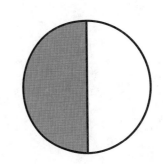

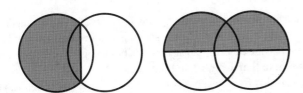

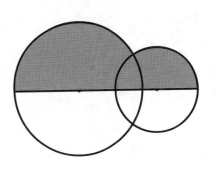

Si dos círculos de diferente diámetro son secantes sólo la línea de los centros es eje de simetría.
En un ángulo central la bisectriz divide por mitad al arco comprendido entre sus lados y es perpendicular mediatriz de la cuerda.

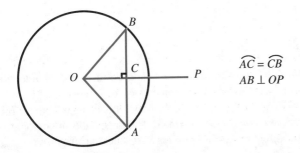

$$\widehat{AC} = \widehat{CB}$$
$$AB \perp OP$$

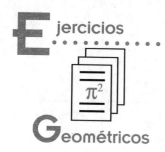

Ejercicios Geométricos

10

1. ¿Cuándo se dice que dos puntos tienen simetría axial?
2. Trazar los puntos simétricos de *P, Q, R* y *S* con respecto al eje *AB*.

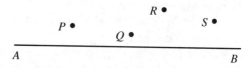

3. Con respecto a un eje, ¿cuántos puntos simétricos a un punto dado se puede trazar?
4. ¿Cómo es el segmento simétrico de un segmento paralelo al eje de simetría?
5. Con respecto a un eje, ¿cómo son entre sí los elementos homólogos de do figuras simétricas?
6. En un triángulo equilátero, ¿la altura es su eje de simetría?
7. En un triángulo escaleno, ¿la altura es su eje de simetría?
8. Trazar el eje de simetría de un triángulo isósceles.
9. ¿Cuántos ejes de simetría se le pueden trazar a un círculo?
10. En un triángulo, ¿cómo se determina el centro del círculo inscrito?
11. Trazar un círculo inscrito en un triángulo equilátero, en un triángul isósceles y en un triángulo escaleno.
12. En un triángulo, ¿cómo se determina el centro del círculo circunscrito?
13. Trazar un círculo circunscrito a un triángulo equilátero, a un triángul isósceles y a un triángulo escaleno.

HOMOTECIA

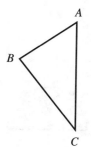
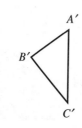

La homotecia nos permite construir figuras semejantes a una escala determinada

Dos figuras homotéticas son figuras semejantes que cumplen con la condición de que las rectas que determinan sus puntos homólogos son concurrentes en un punto al que se le llama centro de homotecia.

Considere las dos figuras semejantes anteriores que se encuentran colocadas en la misma posición relativa, ya que sus lados homólogos son paralelos.

Si por cada par de puntos homólogos se trazan rectas, se observa que todas ellas concurren en un punto *O*.

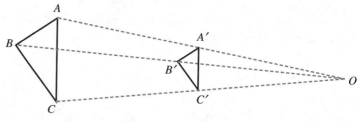

Cuando, las dos figuras están del mismo lado del centro de homotecia, se dice que la homotecia es directa, como en este caso.

También se observa que la figura *ABC* se ha transformado en la figura *A'B'C'*, de tal manera que a cada element de la primera le corresponde su homólogo en la segunda, es decir, cada elemento de la primera figura tiene su imagen en la segunda.

La razón de las distancias de los puntos homólogos al centro de homotecia es constante y se llama razón de homotecia.

En la figura anterior,

$$\frac{A'O}{AO} = \frac{B'O}{BO} = \frac{C'O}{CO} = \frac{1}{2}$$

esto significa que $A'B'C'$ está construido en la escala 1:2, de manera que sus lados miden la mitad de los de la figura dada.

Si para la figura ABC se elige un punto O fuera de ella, se trazan las rectas que determinan cada vértice con el punto O y a continuación se trazan segmentos paralelos, como se ilustra, para obtener la figura $A'B'C'$ que es homotética de ABC, en este caso se dice que la homotecia es inversa.

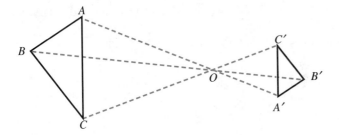

Construcciones Geométricas

Con la construcción de figuras semejantes aplicando la homotecia se pueden construir figuras a una escala determinada.

Dos figuras homotéticas tienen paralelos sus lados homólogos, por ello para construir una nueva figura se elige el centro de homotecia que convenga y se trazan los lados homólogos mediante paralelas.

La escala que se da corresponde a la razón que se establece entre las distancias de cada par de puntos homólogos al centro de homotecia.

Ejemplo:

Construir una figura semejante al polígono $ABCD$ que esté en la escala 1:2.

Esto significa que en la figura semejante que se desea construir sus lados deben medir la mitad de sus homólogos de la figura dada. Para lograr esto se localiza un centro de homotecia O y desde él se trazan segmentos a cada vértice de $ABCD$. En cualquiera de estos segmentos, tal como BO, se traza su punto medio B' ya que $\frac{OB'}{OB} = \frac{1}{2}$.

Después se traza $B'C'$ paralelo a BC, $C'D'$ paralelo a CD y así sucesivamente hasta completar la figura que se desea.

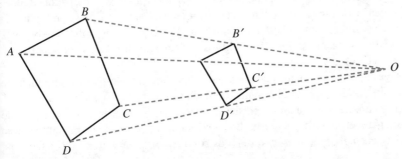

A continuación se ilustran casos en los que el centro de homotecia se ha ubicado en un vértice y dentro de la figura dada, en ambos casos la escala es 1:2.

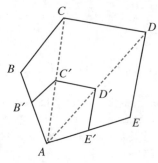 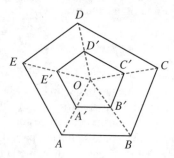

1. Dado el triángulo *ABC* construir otro semejante que esté en la escala: a) 1:2; b) 1:3.
   Localizar el centro de homotecia fuera de la figura.

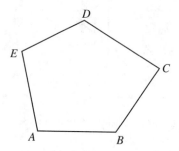 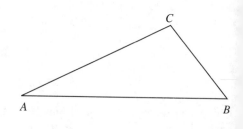

2. Con el mismo triángulo anterior, en homotecia inversa, construir otro semejante que esté en la escala: a) 1:2; b) 1:3.
   Localizar el centro de homotecia fuera de la figura.
3. Elegir como centro de homotecia un vértice o un punto dentro de *ABCDE* para construir otro polígono homotético a él, que esté en la escala 1:4.

SÓLIDOS

La geometría se divide para su estudio en dos partes que son: La geometría plana y la geometría del espacio. En la geometría plana se estudian las figuras planas o de dos dimensiones como los triángulos, los polígonos, el círculo, etc.; así como aquellas figuras de una sola dimensión tales como las líneas rectas y curvas que se representan en el plano.

La geometría plana estudia las figuras que tienen sus elementos en un mismo plano.

En la geometría del espacio o geometría tridimensional se estudian las figuras que tienen tres dimensiones: longitud o largo, latitud o ancho y altura o profundidad.

Dichas figuras son conocidas como cuerpos geométricos, sólidos geométricos o simplemente sólidos. Los sólidos son espacios limitados por superficies planas o curvas.

Una superficie es plana cuando al unir dos puntos cualesquiera de la misma, la recta que determinan está contenida en dicha superficie. Cuando esa condición no se cumple se tiene una superficie curva.

La geometría del espacio estudia las relaciones y propiedades de superficies, y líneas en el espacio así como de los sólidos.

POLIEDROS

· · · · · ·

Los cuerpos geométricos limitados por superficies planas reciben el nombre
de poliedros.

Se llaman caras a los planos que limitan al poliedro, a la intersección de dos
de sus caras se le llama arista y a la intersección de las aristas se les llama
vértices.

La diagonal de un poliedro une dos vértices situados en caras distintas.

Los ángulos diedros se forman entre dos caras que concurren en una misma
arista.

Los ángulos sólidos o ángulos poliedros se forman por las caras que se
intersecan en un mismo vértice.

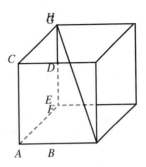

Como se muestra en la figura:

ABCD, EFGH, ABFE, ..., etc., son caras.   C-AB-F, A-BD-G,..., etc., son ángulos diedros.
AB, BF, FG, ..., etc., son aristas.   A-BCE, B-AEF, ..., etc., son ángulos poliedros.
A, B, C, D,... etc., son vértices.   A-BCE, B-AEF, ..., etc., son ángulos poliedros.

POLIEDROS CONVEXOS

Los poliedros pueden ser convexos o cóncavos. Son convexos cuando quedan
situados del mismo lado del plano que contiene una de sus caras.

En este apartado nos ocuparemos únicamente de polígonos convexos.

En la figura, el paralelepípedo rectán-gulo u ortoedro ABCDEFGH, queda
del mismo lado con respecto al plano P que contiene a la cara A B F E.

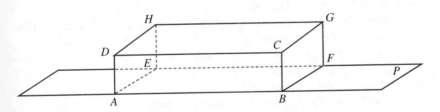

POLIEDROS REGULARES E IRREGULARES

Los poliedros pueden ser regulares e irregulares. Son regulares cuando tienen
todas sus caras iguales e irregulares cuando no todas sus caras son iguales.

Los poliedros regulares sólo son cinco: el tetraedro, el exaedro, el octaedro,
el dodecaedro y el icosaedro.

El tetraedro tiene cuatro caras iguales, cada una de las cuales es un triángulo
equilátero.

El exaedro o cubo tiene seis caras iguales, cada una de ellas es un cuadrado.

El octaedro tiene ocho caras iguales, cada una de ellas es un triángulo equilátero.

El dodecaedro tiene doce caras iguales, cada una de ellas es un pentágono regular.

El icosaedro tiene veinte caras iguales, cada una de ellas es un triángulo equilátero.

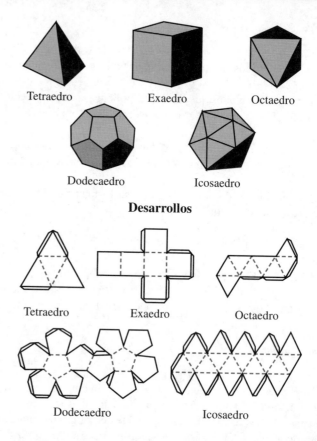

Tetraedro   Exaedro   Octaedro

Dodecaedro   Icosaedro

Desarrollos

Tetraedro   Exaedro   Octaedro

Dodecaedro   Icosaedro

Sólo se pueden formar cinco poliedros convexos regulares porque para formar un ángulo sólido o poliedro se requiere, que las caras concurrentes en un mismo vértice tengan sus ángulos planos de tal medida que la suma de ellos sea menor de 360°.

De manera que con triángulos equiláteros sólo se pueden formar ángulos poliedros de tres caras como ocurre con el tetraedro; de cuatro caras como ocurre con el octaedro y de cinco caras como en el icosaedro, ya que en dichos casos las caras que se reúnen en un mismo vértice suman 180°, 240° y 300° respectivamente, es decir, menos de 360°.

Con cuadrados sólo se pueden formar ángulos poliedros de tres caras como en el cubo donde los ángulos planos de sus caras reunidas en un mismo vértice suman 270°. Con pentágonos regulares sólo se pueden formar ángulos poliedros de tres caras como en el dodecaedro cuyos ángulos planos reunidos en un mismo vértice suman 324°.

Por ello es que los cinco poliedros convexos regulares que se pueden formar se obtienen de la siguiente manera:

El tetraedro, reuniendo en un mismo vértice cuatro caras triangulares tres a tres:

El octaedro, reuniendo en un mismo vértice ocho caras triangulares cuatro a cuatro;

El icosaedro, reuniendo en un mismo vértice 20 caras triangulares cinco a cinco;

El cubo, reuniendo en un mismo vértice seis caras cuadrangulares tres a tres;

El dodecaedro, reuniendo en un mismo vértice 12 caras pentagonales tres a tres.

Los prismas y las pirámides son ejemplos de poliedros irregulares porque en esos cuerpos geométricos las bases son diferentes de sus respectivas caras laterales.

1. ¿Qué es un cuerpo o sólido geométrico?
2. ¿Cómo se llama a la parte de la geometría que estudia las relaciones y propiedades de las superficies y líneas en el espacio así como las figuras tridimensionales?
3. ¿A qué se le llama ángulo diedro?
4. ¿A qué se le llama ángulo sólido?
5. Trace el diedro P-AB-P'
6. Dibuje un triedro P-ABC
7. Escribe el nombre de las superficies planas que limitan a un poliedro.
8. ¿Qué nombre recibe la intersección de cada par de caras de un poliedro?
9. En un poliedro ¿qué nombre reciben las intersecciones de las artistas?
10. Escriba el nombre de cada poliedro regular.

11. Qué forma tienen las caras de un:
    a) Dodecaedro
    b) Icosaedro
    c) Exaedro
    d) Octaedro
    e) Tetraedro

12. ¿Qué clase de cuerpos son los prismas y las pirámides?
13. Si al prolongar una de las caras de un poliedro éste queda del mismo lado con respecto al plano así determinado, ¿qué nombre recibe el poliedro?
14. ¿Qué nombre recibe el segmento de recta que une dos vértices situados en caras distintas de un poliedro?

PRISMA

El prisma es un poliedro que tiene dos caras opuestas paralelas que son polígonos iguales y sus otras caras son paralelogramos.

A las dos caras poligonales iguales que están en planos paralelos se les llama bases. A las otras caras se les conoce como caras laterales. Las intersecciones de dos caras laterales son las artistas laterales.

La altura de un prisma es el segmento de recta perpendicular a las bases y comprendido entre ellas.

Si en un prisma sus aristas laterales son perpendiculares a las bases se dice que el prisma es recto y cada artista lateral es igual a la altura.

Las bases de un prisma pueden ser triángulos, cuadrados, pentágonos, etc., de acuerdo con esto, el prisma se nombrará según la forma de sus bases.

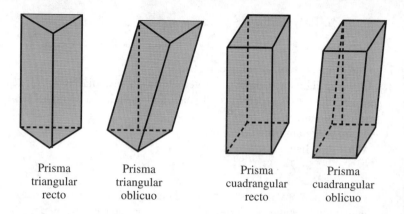

Prisma triangular recto   Prisma triangular oblicuo   Prisma cuadrangular recto   Prisma cuadrangular oblicuo

El prisma recto en el que sus bases son polígonos regulares se llama prisma regular.

PARALELEPÍPEDOS

El prisma cuyas bases son paralelogramos se llama paralelepípedo; si las bases son rectángulos y sus aristas laterales son perpendiculares a las bases entonces se le llama paralelepípedo rectángulo u ortoedro.

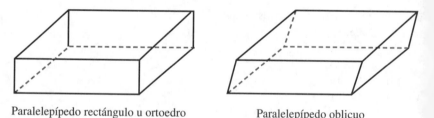

Paralelepípedo rectángulo u ortoedro   Paralelepípedo oblicuo

En un prisma se llama sección recta a toda sección que corta todas las aristas laterales y es perpendicular a ellas. Toda sección recta de un prisma es paralela a sus bases e igual a ellas.

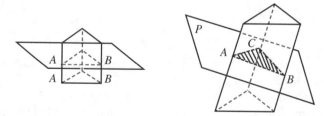

ÁREA DE UN PRISMA

El área de un prisma puede ser lateral o total.

El área lateral es el área que corresponde a las caras laterales.

El área total es el área de todas sus caras, es decir, es la suma del área lateral más el área de las dos bases.

órmulas para calcular el área lateral y total de un prisma.

ea

A_l = área lateral

A_t = área total

P = perímetro de la sección recta o de la base si el prisma es recto.

a = arista lateral

h = altura del prisma recto

B = área de una de las bases

tonces se tienen las siguientes fórmulas:

A_l = Pa (área lateral de un prisma cualquiera)

A_l = Ph (área lateral de un prisma recto)

A_t = Pa + 2B (área total de un prisma cualquiera)

A_t = Ph + 2B (área total de un prisma recto)

SARROLLO DE UN PRISMA RECTO

emplos:

Determinar el área lateral y el área total de un prisma cuadrangular recto de 3 cm por lado en la base y 8 cm de altura.

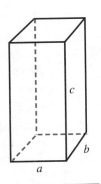

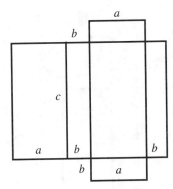

Datos

l = 3 cm

h = 8 cm

Cálculo del área lateral

Fórmula: $A_l = Ph$

sustitución y operaciones

$A_l = (4 \times 3) \times 8 = 12 \times 8 = 96$

Resultado: A_l = 96 cm^2

Cálculo del área total

Fórmula: $A_t = Ph + 28$

Sustitución y operaciones

$A_t = 96 + 2(3^2) = 96 + 2 \times 9 + 18 = 114$

Resultado: A_t = 114 cm^2

2. Determinar el área lateral y el área total de un prisma triangular recto que mide por lado en la base 6 cm y 15 cm de altura.

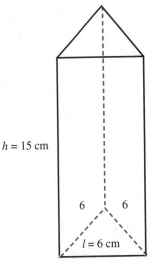

Datos

l = 6 cm

h = 15 cm

Cálculo del área lateral

Fórmula $A_l = Ph$

Sustitución y operaciones

$A_l = (6 \times 3) \times 15 = 18 \times 15 = 270$

Resultado: A_l = 270 cm^2

Cálculo del área total

Fórmula $A_t = Ph + 2B$

Las bases del prisma son triángulos equiláteros iguales de los cuales sólo conoce el valor de su lado, para calcular su área en función de su lado se utili

la fórmula $A = \dfrac{l^2}{4}\sqrt{3}$

$$A = \dfrac{6^2}{4}\sqrt{3} = \dfrac{36}{4}(1.7321)$$

$A = 9\,(1.7321)$

$A = 15.5889$ cm²

Sustitución y operaciones

$A_t = 270 + 2\,(15.5889)$

$A_t = 270 + 31.1778$

$A_t = 301.1778$

Resultado: $A_t = 301.1778$ cm²

3. Determinar el área lateral y el área total de un prisma exagonal recto qu mide por lado en la base 8 cm y 30 cm de altura.

Datos

$l = 8$ cm

$h = 30$ cm

Cálculo del área lateral

Fórmula $A_l = Ph$

Sustitución y operaciones

$A_l = (6 \times 8) \times 30 = 48 \times 30 = 1440$

Resultado: $A_l = 1440$ cm²

Cálculo del área total

Fórmula $A_t = Ph + 2B$

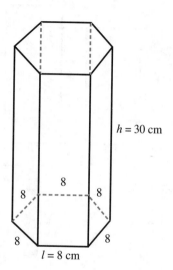

Para calcular el área de la base del prisma se requiere como dato la apotema que se desconoce, pero se puede determinar

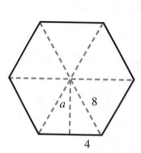

$a^2 + 4^2 = 8^2$ $B = \dfrac{Pa}{2}$

$a^2 = \quad - 4^2$ $B = \dfrac{48 \times 6.92}{2}$

$a^2 = 64 - 16$ $B = \dfrac{332.26}{2}$

$a = \sqrt{48}$

$a = 6.92$ $B = 166.08$ cm²

Sustitución y operaciones

$A_t = 1440 + 2\,(166.08)$

$A_t = 1440 + 332.26$

$A_t = 1772.16$

Resultado: $A_t = 1772.16$ cm²

VOLUMEN DEL PRISMA

El volumen de un prisma se obtiene multiplicando el área de su base por su altura.

Ejemplos:

Determinar el volumen de un prisma cuadrangular recto de 3 cm por lado en la base y 10 cm de altura.

Datos:
l = 3 cm
h = 10 cm
Cálculo del volumen
Fórmula: $V = Bh$
Sustitución y operaciones
$V = 3^2 \times 10 = 9 \times 10 = 90$
Resultado: $V = 90$ cm^3

Determinar el volumen de un prisma triangular recto de 6 cm por lado en la base y 15 cm de altura.

Datos:
l = 6 cm
h = 15 cm
Cálculo del volumen
Fórmula $V = Bh$

La base del prisma es un triángulo equilatero de lado 6 cm cuya área en función de su lado se obtiene por

$$A = \frac{l^2}{4} \sqrt{3}$$

$$A = \frac{6^2}{4} (1.7321) = \frac{36}{4} (1.7321)$$

$$A = 9 (1.7321) = 15.5889 \text{ cm}^2$$

entonces
$V = 15.5889 \times 15$
$V = 233.8335$
Resultado:
$V = 233.8335$ cm^3

3. Determinar el volumen de un prisma exagonal recto de 8 cm por lado en la base y 30 cm de altura.

Datos:
l = 8 cm
h = 30 cm
Cálculo del volumen.
Fórmula $V = Bh$

como la base del prisma es un exágono regular compuesto por seis triángulos equiláteros su área se puede determinar así

$$A = \frac{6\,l^2}{4}\sqrt{3}$$

$$A = \frac{6\,(8)^2}{4}\,(1.7321)$$

$$A = \frac{6\,(64)}{4}\,(1.7321) = \frac{384}{4}\,(1.7321) = 96\,(1.7321) = 166.2816$$

por tanto
$$V = 166.2816 \times 30$$
$$V = 4988.448 \text{ cm}^3$$

Ejercicios

Geométricos

12

1. ¿Qué forma tienen las bases del paralelepípedo rectángulo?
2. Trace el desarrollo de un paralelepípedo rectángulo que mida en la base 3 cm de ancho, 5 cm de largo y su altura sea de 8 cm.
3. Calcule el área lateral y el área total del paralelepípedo rectángulo del ejercicio anterior.
4. Calcule el volumen del paralelepípedo rectángulo mencionado en el punto 2.
5. Encuentre la medida de la diagonal de un paralelepípedo rectángulo que tiene 10 cm de largo, 6 cm de ancho y 5 cm de alto. Sugerencia: utilice el teorema de Pitágoras.
6. Un prisma triangular recto mide 5 cm por lado en la base y su altura es de 20 cm. Encuentre su área lateral.
7. Con los datos del ejercicio anterior, determine el área total del prisma triangular.
8. Calcule el volumen del prisma triangular del ejercicio 6. Para determinar el área de su base utilice la fórmula $A = \frac{1}{4}l^2\sqrt{3}$ que sirve para calcular el área de un triángulo equilátero en función de su lado l.
9. Un prisma cuadrangular recto mide 4 cm por lado en la base y su altura es de 25 cm. Determine su volumen.
10. Un prisma cuadrangular recto mide 5 cm por lado en la base, ¿qué altura debe tener para que su volumen sea de 1000 cm³?
11. Un prisma triangular recto tiene 600 cm³ de volumen y su altura es de 30 cm, calcule el área de su base.
12. Un prisma triangular recto mide 22 cm de perímetro de su base, el área de su base es de 24 cm² y su altura es de 9 cm. Encuentre el área total y su volumen.
13. Un local mide 9 m de largo, 6 m de ancho y 5 m de altura. ¿Cuántas personas se pueden acomodar en él si cada una requiere 5 m³ de aire?
14. Calcular el área lateral, el área total y el volumen de un prisma recto de 5 m de altura si su base es un pentágono regular de 1.25 m por lado y 0.86 m de apotema.
15. Calcular la altura de un paralelepípedo rectángulo que tiene 3.75 m³ de volumen, si la base mide 1.25 m de largo y 0.80 m de ancho.
16. Encuentre el área de la base de un prisma recto de 3.0625 m³ de volumen y su altura es de 1.75 m.

ÁREA Y VOLUMEN DEL CUBO

Si se considera al cubo como un prisma recto en el que sus bases y caras laterales son cuadrados iguales, entonces llamando a a la arista del cubo se tiene que el perímetro de la base es:

$$P = 4a$$

Sustituyendo en las fórmulas para las áreas y volumen del prisma se tiene para el área lateral:

$$A_l = Ph$$
$$A_l = 4a \cdot a$$
$$\therefore Al = 4\ a^2$$

entonces el área lateral del cubo se obtiene multiplicando por 4 el cuadrado de su arista.

Para el área total

$$A_t = Ph + 2\ B$$
$$A_t = 4a^2 + 2a^2$$
$$\therefore A_t = 6a^2$$

es decir, el área total del cubo se obtiene multiplicando por 6 el cuadrado de su arista.

Para el volumen

$$V = Bh$$
$$V = a^2 \cdot a$$
$$\therefore V = a^3$$

Por tanto, el volumen del cubo se obtiene elevando al cubo su arista.

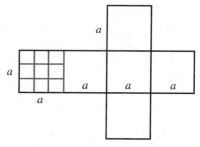

Ejemplos:

1. Determinar el área lateral, el área total y el volumen de un cubo de 5 cm de arista.

Datos:
$a = 5$ cm
Cálculo del área lateral
Fórmula: $A_l = a^2$
Sustitución y operaciones
$A_l = 4\ (5^2) = 4 \times 25 = 100$
Resultado: $A_l = 100$ cm^2

Cálculo del área total
Fórmula: $A_t = 6\ a^2$
Sustitución y operaciones
$A_t = 6(5^2) = 6 \times 25 = 150$
Resultado: $A = 150$ cm^2

Cálculo del volumen
Fórmula: $V = a^3$
Sustitución y operaciones
$V = 5^3 = 125$
Resultado: $V = 125$ cm^3

Ejercicios

Geométricos

13

1. Trace un exaedro regular de 4 cm de arista.
2. Trace el desarrollo del exaedro del ejercicio anterior.
3. Escriba la fórmula para determinar el área lateral de un cubo.
4. Escriba la fórmula para determinar el área total de un cubo.
5. Escriba la fórmula para calcular el volumen de un cubo.
6. Determine el área total de un cubo que mide 2 cm de arista.
7. ¿Cuál es el volumen de un cubo de 3 cm de arista?
8. Encuentre el área lateral, el área total y el volumen de un cubo que mide 1.25 m de arista.
9. Un depósito de agua tiene la forma de un cubo que mide 1.50 m por arista. Determine su volumen.
10. Considere que 1 dm^3 de agua pesa 1 kg para calcular cuántos kilogramos pesa la cantidad de agua que contiene el depósito del ejercicio anterior.

SÓLIDOS REDONDOS

Se les llama así a los sólidos o cuerpos limitados por caras curvas. Son ejemplos de cuerpos redondos el cilindro, el cono y la esfera.

SUPERFICIE CILÍNDRICA

Es una superficie plana generada por una recta que se mueve en forma paralela a sí misma apoyándose sobre una línea curva indefinida. Se pueden observar superficies cilíndricas en un vaso, una lata de refresco y una lámina acanalada.

Cilindro

Es un sólido geométrico limitado por una superficie cilíndrica cerrada y por dos superficies planas y paralelas.

SÓLIDOS DE REVOLUCIÓN

Se les llama así a los sólidos que se generan por la revolución o rotación de una superficie plana sobre uno de sus lados que se toma como eje. Son sólidos de revolución el cilindro circular recto, el cono circular recto y la esfera.

Cilindro circular recto

Es un sólido de revolución generado por la rotación de un rectángulo en torno de uno de sus lados. El lado del rectángulo que es paralelo al que sirve de eje de rotación es la generatriz del cilindro, porque es la línea que genera la superficie lateral del sólido.

En todo cilindro circular recto la generatriz es perpendicular a las bases.

los lados del rectángulo que son perpendiculares al que sirve de eje de rotación
neran las bases que son círculos iguales y paralelos del cilindro circular recto.
La distancia entre las dos bases es la altura del cilindro circular recto.

a lateral del cilindro circular recto

• obtiene multiplicando la circunferencia de una de sus bases por la altura.

rmula: $A_l = \pi\,dh$,
•mo $d = 2r$, también se puede expresar
        $A_l = 2\pi\,rh$

ea total del cilindro circular recto

e obtiene sumando al área lateral, el área de sus dos bases.

ormula: $A_T = \pi\,dh + 2\,\pi\,r^2$, o bien
                        $A_T = 2\,\pi\,rh + 2\,\pi\,r^2$

lumen del cilindro circular recto

e obtiene multiplicando el área de una de sus bases por la altura.

órmula: $V = \pi\,r^2 h$

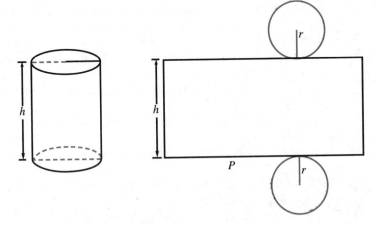

jemplos:
   Determinar el área lateral, el área total y el volumen de un cilindro circular
   recto que mide 3 cm de radio en su base y su altura es de 5 cm.

Datos:
$r = 3$ cm
$h = 5$ cm

Cálculo del área lateral

Fórmula $A_l = 2\,\pi\,rh$

Sustitución y operaciones

$$A_l = 2 \times 3.1416 \times 3 \times 5 = 94.248$$

Resultado: $A_l = 94.248$ cm^2

Cálculo del área total

Fórmula $A_T = 2\,\pi\,rh + 2\,\pi r^2$

Sustitución y operaciones

$$A_T = 2 \times 3.1416 \times 3 \times 5 + 2 \times 3.1416 \times 3^2$$
$$A_T = 94.248 + 56.5488$$

Resultado: $A_T = 150.7968$ cm^2

Cálculo del volumen

Fórmula: $V = \pi\,r^2 h$

Sustitución y operaciones

$$V = 3.1416 \times 3^2 \times 5 = 3.1416 \times 9 \times 5 = 141.372$$

Resultado: $V = 141.372$ cm^3

Ejercicios

Geométricos

14

1. ¿Cómo se les llama a los sólidos limitados por caras curvas?

2. Cuando una recta se mueve paralelamente a sí misma sobre una superficie plana situada en un plano distinto al de la recta, ¿qué tipo de superficie se genera?

3. Si un rectángulo gira en torno de uno de sus lados como eje, ¿qué figura se genera?

4. ¿Cómo se llama el sólido geométrico limitado por una superficie cilíndrica y dos superficies planas paralelas?

5. ¿Cómo se llama a la recta que genera la superficie lateral de un cilindro?

6. Si un cilindro circular recto se corta por una de las diferentes posiciones de su generatriz y se extiende la superficie sobre un plano, ¿qué figura se obtiene?

7. En un cilindro circular recto, ¿cómo son entre sí las medidas de su eje, altura y generatriz?

8. Encuentre el área lateral de un cilindro circular recto de 1 metro de radio y 3 m de altura.

9. Determine el área total de un cilindro circular recto que mide 20 cm de radio y 80 cm de altura.

10. Encuentre el volumen de un cilindro circular recto de 4 cm de radio y 10 cm de altura.

11. Calcule el área lateral, el área total y el volumen de un cilindro circular recto que mide 5 cm de radio y 15 cm de altura.

12. Determine el área lateral, el área total y el volumen de un cilindro circular recto que mide 5 cm de radio y 10 cm de altura.

13. Calcular el área lateral, el área total y el volumen de un cilindro circular recto de 0.5 m de radio y 4 m de altura.

14. Obtenga el área lateral, el área total y el volumen de un cilindro de 1.3 m de diámetro y 5 m de altura.

15. Calcular la altura de un cilindro de 1 m de radio y 15.708 m^3 de volumen

16. Calcular el radio de un cilindro de 5 cm de altura y 62.832 cm^3 de volumen

17. ¿Cuántos litros puede contener un depósito cilíndrico de 0.5 m de radio y 2 m de altura?

8. ¿Qué altura debe tener una lata cilíndrica de 10 cm de diámetro para que su volumen sea de 785.4 cm³?

9. Calcular la capacidad de un depósito cilíndrico de 1.5 m de diámetro y 2.6 m de profundidad.

10. Calcular el radio de un recipiente cilíndrico de 3 litros de capacidad y altura de 20 cm.

11. Para construir un túnel de 200 m de largo y sección semicircular de 9 m de diámetro, ¿cuántos metros cúbicos de tierra se deben extraer?

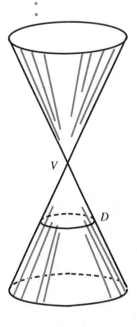

SUPERFICIE CÓNICA

Es la superficie generada por una recta que se mueve de manera que pasa siempre por un punto fijo exterior al plano que contiene a una curva también fija a la que intercepta en toda su extensión la recta móvil.

La recta móvil es la generatriz, a la curva plana se le llama directriz y al punto fijo, vértice.

La superficie cónica contiene dos partes a las que se les llama hojas o mantos.

CONO

Se llama así al sólido geométrico que está limitado por una superficie cónica cerrada y por un plano que corta a la generatriz en todas sus posiciones.

La altura del cono es el segmento de recta perpendicular al plano de la base, comprendido entre dicho plano y el vértice.

El eje del cono es el segmento de recta que une el vértice con el centro de la base.

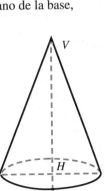

Cono circular recto

Es el que tiene un círculo por base y su eje es perpendicular a la base.

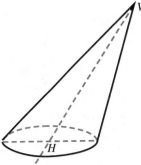

Cono de revolución

Es el que se genera por la rotación de un triángulo rectángulo en torno de uno de sus catetos como eje.

Por ello es que al cono circular recto también se le conoce como cono de revolución.

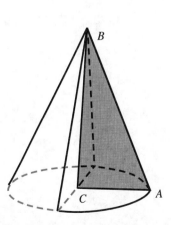

Área lateral del cono circular recto

Se obtiene como el semiproducto de la circunferencia de la base por la generatriz (g).

Fórmula: $A_l = \dfrac{\pi d g}{2}$ o bien $A_l = \dfrac{\pi r g}{2}$

de donde $A_l = \pi \, r g$

Área total del cono circular recto

Se obtiene sumando al área lateral el área de la base.

Fórmula:

$$A_t = \pi rg + \pi r^2$$

Volumen del cono circular recto
Se obtiene multiplicando al área de la base por la altura del cono y dividiendo este producto entre tres.

Fórmula:

$$V = \frac{\pi r^2 h}{3}$$

La expresión anterior nos indica que el volumen de un cono circular recto es igual a un tercio del volumen de un cilindro circular recto de la misma base y altura que el cono.

Si se corta la superficie lateral del cono por una de las posiciones de su generatriz, dicha superficie quedará representada como en la figura anterior, es decir, como un sector circular de un círculo cuyo radio es igual a la generatriz del cono.

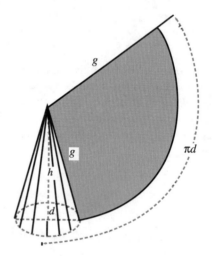

Ejemplos:

1. Determinar el área lateral, el área total y el volumen de un cono de revolución que mide 3 cm de radio, 4 cm de altura y 5 cm de generatriz.

   Datos:
   $r = 3$ cm
   $h = 4$ cm
   $g = 5$ cm

   Cálculo del área lateral
   Fórmula $A_t = \pi rg$
   Sustitución y operaciones

   $$A = 3.1416 \times 3 \times 5 = 3.1416 \times 15$$

   Resultado: $A = 47.124$ cm^2

Cálculo del área total

Fórmula
$$A_t = \pi\, rg + \pi\, r^2$$

Sustitución y operaciones

$$A_T = 3.1416 \times 3 \times 5 + 3.1416 \times 3^2$$
$$A_T = 47.124 + 3.1416 \times 9 = 47.124 + 28.2744$$
$$A_T = 75.3984$$

Resultado:
$$A = 75.3984 \text{ cm}^2$$

Cálculo del volumen

Fórmula
$$V = \frac{\pi\, r^2\, h}{3}$$

Sustitución y operaciones

$$V = \frac{3.1416 \times 3 \times 4}{3}$$
$$V = 3.1416 \times 3 \times 4$$

Resultado:
$$V = 37.6992 \text{ cm}^3$$

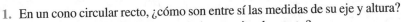

Ejercicios Geomètricos 15

1. En un cono circular recto, ¿cómo son entre sí las medidas de su eje y altura?
2. ¿Con qué otro nombre se conoce al cono circular recto?
3. ¿Cuánto mide el radio de un cono de revolución si su altura es de 8 cm y su generatriz mide 10 cm?
4. Encuentre el área lateral de un cono circular recto que mide 4 cm de radio y 10 cm de altura.
5. Hallar el área lateral de un cono circular recto que tiene 6 cm de diámetro y su generatriz mide 5 cm.
6. Determine el área total de un cono circular recto de 2 cm de radio y su generatriz es de 6 cm.
7. El radio de un cono circular recto mide 5 cm y su altura 15 cm. Encuentre su volumen.
8. Calcular el área lateral, el área total y el volumen de un cono circular recto que mide 8 cm de radio, 15 cm de altura y 17 cm la generatriz.
9. Determine el área lateral, el área total y el volumen de un cono circular recto de 12 cm de diámetro, 8 cm de altura y 10 cm de generatriz.
10. Obtener el área lateral, el área total y el volumen de un cono circular recto de 2.5 cm de radio, 6 cm de altura y 6.5 cm de generatriz.
11. Encuentre el volumen de un montón de tierra que tiene la forma de un cono de revolución de 7 m de altura y 12 m de diámetro.

SUPERFICIE ESFÉRICA

Es la superficie formada por los puntos del espacio que equidistan de un punto fijo. Dichos puntos están sujetos a una condición dada por lo que constituye un lugar geométrico, de manera que la superficie esférica se pueda definir como: el lugar geométrico de todos los puntos del espacio que equidistan de un punto fijo denominado centro.

Esfera

Es el sólido geométrico limitado por una superficie esférica. La esfera es un sólido de revolución que se genera por la rotación de un semicírculo alrededor de su diámetro.

Mientras el semicírculo genera la esfera, la semicircunferencia correspondiente genera la superficie esférica, el radio y el diámetro permanecen constantes. Por eso es que el centro, el radio y el diámetro de la esfera son respectivamente iguales al centro, el radio y el diámetro del círculo generador.

En una esfera todos sus radios son iguales y consecuentemente todos sus diámetros también son iguales. Por eso es que se afirma que los radios de esfera iguales son iguales y que esferas de radios iguales son iguales.

Sección esférica

Si un plano corta una esfera, la sección que se obtiene es un círculo.

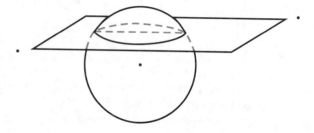

Polos

En una esfera los polos de un círculo son los puntos extremos del diámetro perpendicular a dicho círculo.

Círculos en la esfera

En una esfera toda sección plana es un círculo, cuando la sección pasa por el centro de la esfera, la divide en dos partes iguales llamadas hemisferios o semiesferas y la sección se llama círculo máximo.

La cuarta parte de un círculo máximo es un cuadrante de la esfera, está comprendido entre dos radios perpendiculares.

La sección plana que no pasa por el centro de la esfera recibe el nombre de círculo menor.

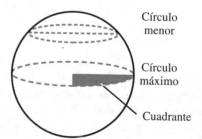

a de la esfera

obtiene multiplicando la longitud de la circunferencia de su círculo máximo
r el diámetro.

rmula: $A = 2 \pi rd$

mo $d = 2r$, entonces

                $A = 2 \pi r (2r)$

donde $A = 4 \pi r^2$

sea que, el área de una esfera es cuatro veces el área de su círculo máximo.

emplo:

Determinar el área de una esfera de 2 cm de radio.

Dato:
$r = 2$ cm

Cálculo del área de la esfera
Fórmula $A = 4 \pi r^2$
Sustitución y operaciones

                      $A = 4 \times 3.1416 \times 2^2$
                      $A = 4 \times 3.1416 \times 4$
                      $A = 50.2656$
Resultado: $A = 50.2656$ cm^2

Si se utiliza la fórmula $A = 2\pi rd$ se obtiene
                              $A = 2 \pi rd$
Sustitución y operaciones $A = 2 \times 3.1416 \times 2 \times 4$
Resultado: $A = 50.2656$ cm^2

olumen de la esfera

e obtiene multiplicando su área por un tercio del radio.

Fórmula: $V = 4 \pi r^2 \left(\dfrac{r}{3} \right)$

de donde $V = \dfrac{4 \pi r^3}{3}$

que también se puede expresar como

                  $V = \dfrac{4}{3} \pi r^3$

Ejemplo:

1. Determinar el volumen de una esfera de 2 cm de radio.

Dato:
$r = 2$ cm

Cálculo del volumen de la esfera

Fórmula

$$V = \frac{4\,\pi\,r^3}{3}$$

Sustitución y operaciones

$$V =$$

$$V = \frac{4 \times 3.1416 \times 8}{3}$$

$$V = \frac{32 \times 3.1416}{3} = \frac{100.5312}{3}$$

Resultado: $V = 33.5104 \text{ cm}^3$

2. Determinar el volumen de una esfera de 2 cm de radio.

Utilice la fórmula

$$V = 4\,\pi\,r^2\left(\frac{r}{3}\right)$$

Compare su resultado con el del ejemplo anterior.

Ejercicios

Geométricos

16

1. ¿Qué nombre se da al lugar geométrico de todos los puntos del espacio que equidistan de un punto fijo?
2. ¿Por qué se dice que la esfera es un sólido de revolución?
3. Cuando un plano corta a una esfera ¿qué figura tiene la sección que se obtiene?
4. ¿Cómo son entre sí dos esferas de radios iguales?
5. ¿Cómo son entre sí los radios de dos esferas iguales?
6. Escriba la fórmula para calcular el área de la esfera en función del radio.
7. Escriba la fórmula para calcular el área de la esfera en función del diámetro.
8. Al multiplicar el área de la esfera por un tercio del radio, ¿qué se obtiene?
9. ¿A qué se le llama círculo máximo de una esfera?
10. ¿Dónde se localizan los polos de un círculo de una esfera?
11. Encontrar el área de una esfera de 3 cm de radio.
12. Calcule el área de una esfera de un metro de radio.
13. Determine el volumen de una esfera de 10 cm de radio.
14. Calcular el área y el volumen de una esfera de 0.5 m de radio.
15. Calcular el área y el volumen de una esfera de 1.6 m de diámetro.
16. Calcular el área y el volumen de una esfera de 7.5 cm de radio.
17. Suponiendo que la Tierra es una esfera de 6370 Km de radio, calcule el área de su superficie.

FORMULARIO DE ÁREAS

Cuerpos	Notación	Área lateral	Área total
Tetraedro	a = arista		$1.7321\ a^2$
Exaedro	a = arista		$6\qquad a^2$
Octaedro	a = arista		$3.4642\ a^2$
Dodecaedro	a = arista		$20.6457\ a^2$
Icosaedro	a = arista		$8.6605\ a^2$
Prisma cualquiera	a = arista lateral P = perímetro de la sección recta B = área de la base	Pa	$P\,a + 2\,B$
Prisma recto	h = altura P = perímetro de la base B = área de la base	Ph	$Ph + 2\,B$
Paralele-pípedo rectángulo	a = largo b = ancho c = altura	$2(a+b)\,c$	$2(a+b) + 2ab$
Cilindro cualquiera	g = generatriz C = perímetro de la sección recta B = área de la base	$C\,g$	$C\,g + 2\,B$
Cilindro circular recto	h = altura r = radio de base	$2\,\pi\,rh$	$2\,\pi\,rh + 2\,\pi^2$
Cono circular recto	g = generatriz r = radio de la base	$\pi\,rg$	$\pi\,rg + \pi^2$
Esfera	r = radio		$4\,\pi\,r^2$

Formulario de volúmenes

Cuerpo	Notación	Volumen
Tetraedro	a = arista	$0.1178\, a^3$
Exaedro	a = arista	a^3
Octaedro	a = arista	$0.4714\, a^3$
Dodecaedro	a = arista	$7.6631\, a^3$
Icosaedro	a = arista	$2.1817\, a^3$
Prisma cualquiera	h = altura B = área de la base	Bh
Paralelepípedo rectángulo	a = largo b = ancho c = altura	abc
Pirámide cualquiera	h = altura B = área de la base	$1/3\, Bh$
Cilindro cualquiera	h = altura B = área de la base	Bh
Cilindro circular recto	h = altura r = radio de la base	$\pi r^2 h$
Cono circular recto	h = altura r = radio de la base	$1/3\, \pi r^2 h$
Esfera	r = radio	$4/3\, \pi r^3$

El modelo estructural del benceno

El benceno es un hidrocarburo que se representa por medio de una estructura circular cerrada.

Los seis átomos de carbono de su molécula se ubican en los vértices de un hexágono a cada uno de los cuales se une un átomo de hidrógeno.

Kekulé propuso en su modelo la existencia de tres enlaces dobles y tres simples entre los carbonos que forman el anillo, todos ellos en el mismo plano.

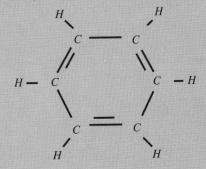

representado por

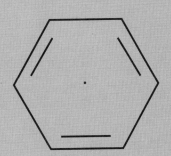

Estudios posteriores dieron lugar a la modificación del modelo de estructura por

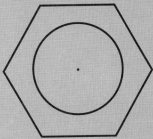

Se dice que Kekulé intuyó ìa idea de la estructura del benceno cuando se encontraba frente a una chimenea y vio como se formaban círculos con las llamas.

Unidad 2

TRIGONOMETRÍA

OBJETIVOS:

- Resolver problemas de la vida cotidiana, a través de la aplicación de las razones, funciones, identidades trigonométricas, leyes de senos y cosenos para triángulos rectángulos y oblicuángulos.

Introducción

E l concepto de función es de gran importancia en el estudio de las matemáticas.

En el curso anterior se hizo referencia a este concepto mismo, que ahora se retoma para estudiar la relación que existe entre los lados y ángulos de un triángulo rectángulo. Dichas relaciones se definen como funciones trigonométricas.

Por medio de la trigonometría se pueden resolver múltiples y variados problemas que tienen que ver con el cálculo indirecto ya sea de la altura de un edificio o de una cima inaccesible, la anchura de un río, la distancia entre dos puntos observados desde otro punto, etcétera.

DEFINICIÓN Y NOTACIÓN DE FUNCIÓN

Dados los conjuntos A y B, una función (f) de A en B es una correspondencia, o regla o aplicación que asocia a cada elemento x de A uno y sólo un elemento y de B.

La notación: $f: A \rightarrow B$ se lee "función efe de A en B".

El conjunto A es el **dominio** de la función.

El conjunto B es el **codominio** o contradominio de la función.

El elemento y del conjunto B correspondiente a un elemento x del conjunto A, recibe el nombre de imagen de éste y se le simboliza $f(x)$ que se lee "imagen de x según la función f", o simplemente "efe de x". Al conjunto de imágenes se le llama **rango**. El rango es un subconjunto del conjunto B y puede ser igual a B.

Ejemplos:

1.

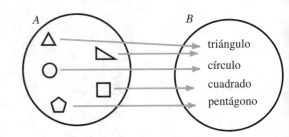

"y es nombre de x"
   Es función porque a cada elemento del dominio le corresponde una y sólo una imagen.

2.

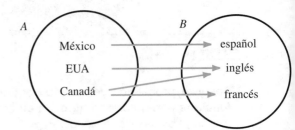

"en x país se habla y idioma"
   No es función porque un elemento del dominio (Canadá) tiene dos imágenes (inglés y francés).

3.

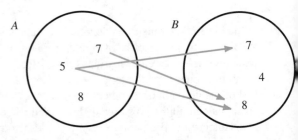

"$y < y$"
   No es función porque un elemento del dominio (el 8) no tiene imagen y otro (el 5) tiene dos imágenes.

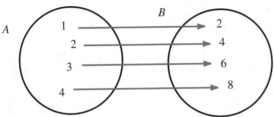

"y = 2x"

Es función porque a cada elemento del dominio le corresponde una y sólo una imagen.

• •

Determinar en cada caso si es o no una función de A en B. Fundamentar la respuesta.

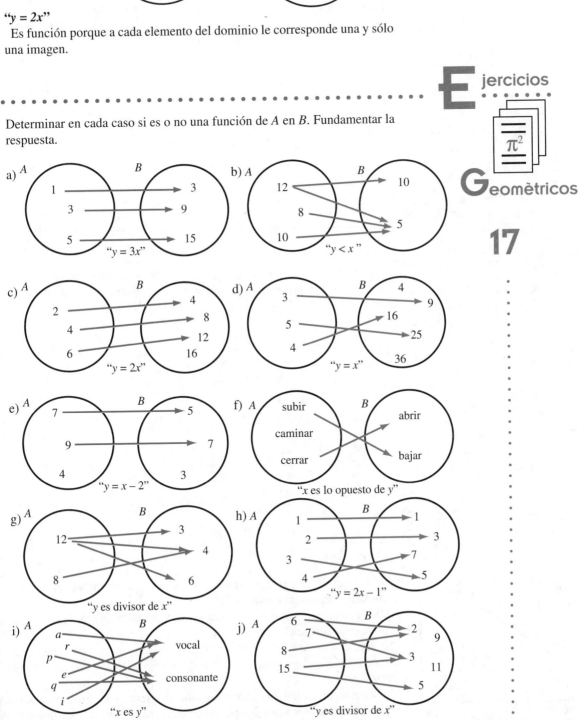

RAZONES TRIGONOMÉTRICAS

Entre los lados de un triángulo rectángulo se pueden establecer seis relacione[s] por cociente o razones geométricas cuyo valor depende del ángulo con respect[o] al cual se establecen.

En el ángulo agudo *POQ*, *A*, *C* y *E* son tres puntos cualesquiera sobre el lad[o] final *OQ*. Si se trazan desde dichos puntos *AB*, *CD* y *EF* perpendiculares a[l] lado inicial *OP*, se forman los triángulos rectángulos *AOB*, *COD* y *EOF* qu[e] son semejantes por tener igual el ángulo agudo *O*.

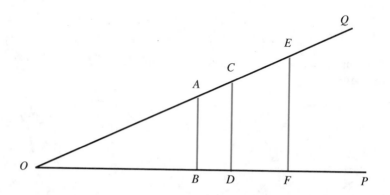

Si se comparan por cociente dos lados de un tríangulo con los lado[s] correspondientes de otro triángulo cualquiera se obtienen las siguientes razones iguales:

$$\frac{AB}{OA} = \frac{CD}{OC} = \frac{EF}{OE} = \ldots$$

$$\frac{OB}{OA} = \frac{OD}{OC} = \frac{OF}{OE} = \ldots$$

$$\frac{AB}{OB} = \frac{CD}{OD} = \frac{EF}{OF} = \ldots$$

$$\frac{OB}{AB} = \frac{OD}{CD} = \frac{OF}{EF} = \ldots$$

$$\frac{OA}{OB} = \frac{OC}{OD} = \frac{OE}{OF} = \ldots$$

$$\frac{OA}{AB} = \frac{OC}{CD} = \frac{OE}{EF} = \ldots$$

Los valores de las razones cambian cuando varía la amplitud del ángulo, es decir, las razones son funciones del ángulo.

A las asignaciones que a cada ángulo asocian dichas razones se les da el nombre de funciones trigonométricas.

Se puede observar que el valor de estas funciones depende únicamente de la magnitud del ángulo y es independiente de la longitud de los lados del triángulo rectángulo.

En el triángulo rectángulo *ABC*, los lados que forman el ángulo recto, *AC* y *BC*, se llaman catetos y el lado opuesto al ángulo recto, *AB*, se llama hipotenusa.

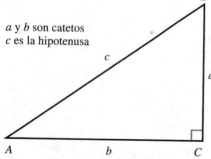

a y *b* son catetos
c es la hipotenusa

n el triángulo rectángulo *ABC* los lados se han designado con la misma ra, pero minúscula, del vértice del ángulo al cual se oponen. Así en el ángulo *a* es el cateto opuesto y *b* es el cateto adyacente, es decir, *b* es un lado del gulo *A*. En el ángulo agudo *B*, *b* es el cateto opuesto y *a* es el cateto aydacente, decir, *a* es un lado del ángulo *B*.

os nombres de las funciones trigonométricas son seno, coseno, tangente, angente, secante y cosecante, que se denotan respectivamente por **sen, cos,** **1** (tg), **cot** (ctg), **sec** y **csc**.

Estas funciones se definen de la siguiente manera:

eno de un ángulo agudo. Es la razón entre el cateto opuesto y la hipotenusa.

oseno de un ángulo agudo. Es la razón entre el cateto adyacente y la otenusa.

angente de un ángulo agudo. Es la razón entre el cateto opuesto y el cateto yacente.

otangente de un ángulo agudo. Es la razón entre el cateto adyacente y el teto opuesto.

ecante de un ángulo agudo. Es la razón entre la hipotenusa y el cateto yacente.

osecante de un ángulo agudo. Es la razón entre la hipotenusa y el cateto uesto.

i llamamos al cateto opuesto *C.O.*, al cateto adyacente *C.A.* y a la hipotenusa *p.*, las seis funciones se pueden escribir así:

$$\text{sen} = \frac{C.O.}{Hip.} \qquad \cot = \frac{C.A.}{C.O.}$$

$$\cos = \frac{C.A.}{Hip.} \qquad \sec = \frac{Hip.}{C.A.}$$

$$\tan = \frac{C.O.}{C.A.} \qquad \csc = \frac{Hip.}{C.O.}$$

En el triángulo rectángulo *ABC*, las funciones trigonométricas del ángulo ;udo *A* son:

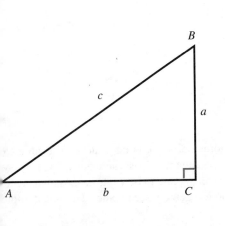

$$\text{sen } A = \frac{a}{c}$$

$$\cos A = \frac{b}{c}$$

$$\tan A = \frac{a}{b}$$

$$\cot A = \frac{b}{a}$$

$$\sec A = \frac{c}{b}$$

$$\csc A = \frac{c}{a}$$

FUNCIONES TRIGONOMÉTRICAS RECÍPROCAS

Recuérdese que dos cantidades son recíprocas cuando su producto es igual a unidad.

Para un mismo ángulo agudo son funciones recíprocas el seno y la cosecan el coseno y la secante, la tangente y la cotangente.

Para el ángulo agudo A de la figura anterior se tiene que:

$$\operatorname{sen} A \times \csc A = 1; \qquad \cos A \times \sec A = 1; \qquad \tan A \times \cot A = 1$$

de donde:

$$\csc A = \frac{1}{\operatorname{sen} A}, \quad \sec A = \frac{1}{\cos A}, \qquad\qquad \cot A = \frac{1}{\tan A}$$

o bien:

$$\operatorname{sen} A = \frac{1}{\csc A}, \quad \cos A = \frac{1}{\sec A}, \qquad\qquad \tan A = \frac{1}{\cot A}$$

En las cuatro primeras de estas funciones trigonométricas, se puede obten su valor en tablas en forma directa, mientras que las dos últimas se obtienen partir de los valores de sus recíprocas.

FUNCIONES TRIGONOMÉTRICAS DE ÁNGULOS COMPLEMENTARIOS

Sabemos que en un triángulo rectángulo los ángulos agudos son con plementarios. En el triángulo rectángulo ABC las funciones trigonométricas de los ángulos agudos A y B son:

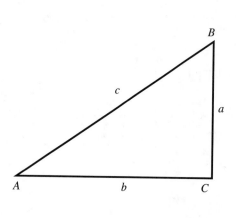

$$\operatorname{sen} A = \frac{a}{c} \qquad\qquad \operatorname{sen} B = \frac{?}{?}$$

$$\cos A = \frac{b}{c} \qquad\qquad \cos B = \frac{?}{?}$$

$$\tan A = \frac{a}{b} \qquad\qquad \tan B = \frac{b}{a}$$

$$\cot A = \frac{b}{a} \qquad\qquad \cot B = \frac{a}{b}$$

$$\sec A = \frac{c}{b} \qquad\qquad \operatorname{sen} B = \frac{c}{a}$$

$$\csc A = \frac{c}{a} \qquad\qquad \csc B = \frac{c}{b}$$

Como se puede observar, los valores del seno, la tangente y la secante son respectivamente iguales al coseno, cotangente y cosecante de su ángulo com plementario; mientras que el coseno, cotangente y cosecante de un ángulo agudo son respectivamente iguales al seno, tangente y secante de su ángulo comple mentario.

Este hecho, de manera general, se puede expresar así:

$$\text{sen } A = \cos (90° - A)$$
$$\cos A = \text{sen } (90° - A)$$
$$\tan A = \cot (90° - A)$$
$$\cot A = \tan (90° - A)$$
$$\sec A = \csc (90° - A)$$
$$\csc A = \sec (90° - A)$$

Las funciones del ángulo complementario de un ángulo dado pueden llamarse
co-funciones.

Ejercicios

Geomètricos

18

En cada uno de los siguientes triángulos rectángulos, para el ángulo que se
indica, identificar el cateto opuesto y el cateto adyacente.

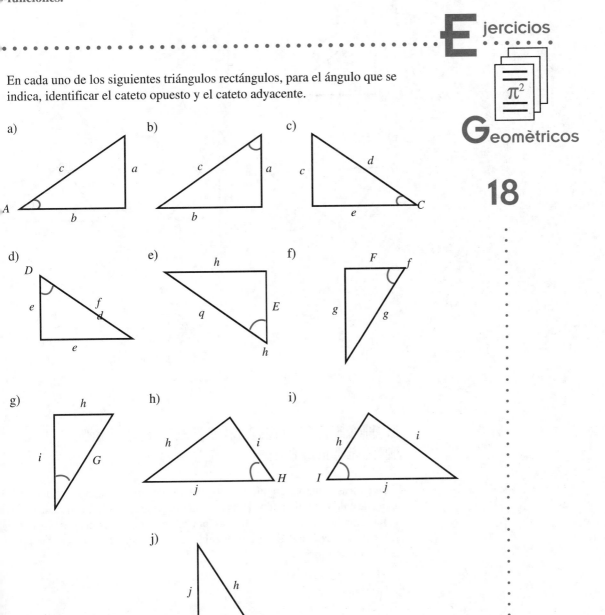

2. En cada uno de los siguientes triángulos rectángulos, expresar como raz⊙ el valor de las seis funciones correspondientes al ángulo que se indica.

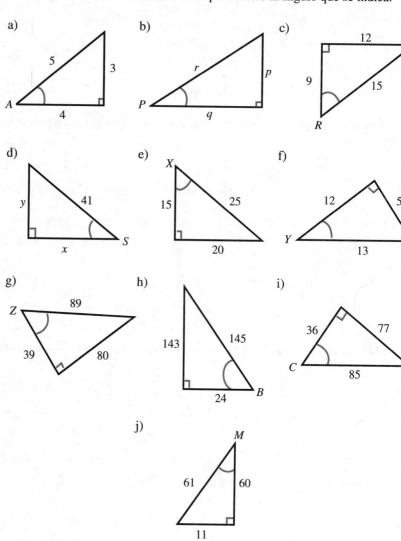

a)

b)

c)

d)

e)

f)

g)

h)

i)

j)

DETERMINACIÓN DE LOS VALORES DE LAS FUNCIONES DE UN ÁNGULO AGUDO, DADO EL VALOR DE UNA DE ELLAS

Si en un triángulo rectángulo se conocen dos de sus lados, el valor del tercer⊙ se puede calcular aplicando el teorema de Pitágoras. Por ello, conocido el valo⊙ de una función de un ángulo agudo, por definición, se conocen dos lados de⊙ triángulo y previo cálculo del valor del tercero, se pueden establecer los valore⊙ de las demás funciones.

Ejemplos:

1. Dado sen $A = \dfrac{5}{13}$, encontrar el v⊙lor del lado desconocido y obtener la⊙ demás funciones.

Solución:

Por definición, seno es la razón entre el cateto opuesto y la hipotenusa, entonces sen $A = \dfrac{5}{13}$ es una función que corresponde a un triángulo rectángulo en el que el cateto opuesto al $< A$ es igual a 5 y la hipotenusa es igual a 13.

Aplicando el teorema de Pitágoras, se tiene que:

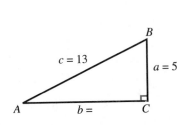

$$5^2 + b^2 = 13^2$$

$$b^2 = 13^2 - 5^2$$

$$b = \sqrt{13^2 - 5^2}$$

$$b = \sqrt{169 - 25}$$

$$b = \sqrt{144}$$

$$b = 12$$

Las funciones del ángulo A quedan expresadas así:

$$\text{sen } A = \frac{5}{13} = 0.3846 \qquad\qquad \cot A = \frac{12}{5} = 2.4000$$

$$\cos A = \frac{12}{13} = 0.9231 \qquad\qquad \sec A = \frac{13}{12} = 1.0833$$

$$\tan A = \frac{5}{12} = 0.4167 \qquad\qquad \csc A = \frac{13}{5} = 2.6000$$

2. Si la sec $A = 6$, obtener las demás funciones:

Solución:

$$\sec = \frac{\text{hipotenusa}}{\text{cateto opuesto}} ; \text{ entonces}$$

$$\sec A = 6 = \frac{6}{1}$$

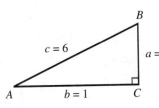

$$1^2 + a^2 = 6^2$$

$$a^2 = 6^2 - 1^2$$

$$a = \sqrt{6^2 - 1^2}$$

$$a = \sqrt{36 - 1}$$

$$a = \sqrt{35}$$

$$\text{sen } A = \frac{\sqrt{35}}{6} = 0.9860 \qquad\qquad \cot A = \frac{1}{\sqrt{35}} = \frac{\sqrt{35}}{35} = 0.169$$

$$\cos A = \frac{1}{6} = 0.1666 \qquad\qquad \sec A = \frac{6}{1} = 6 = 6.0000$$

$$\tan A = \frac{\sqrt{35}}{1} = 5.9161 \qquad\qquad \csc A = \frac{6}{\sqrt{35}} = \frac{6\sqrt{35}}{35} = 1.0142$$

3. Dado $\csc A = 2\sqrt{2}$, obtener las demás funciones

Solución:

$$\csc A = \frac{\text{hipotenusa}}{\text{cateto opuesto}}; \text{ entonces}$$

$$\csc A = 2\sqrt{2} = \frac{2\sqrt{2}}{1}$$

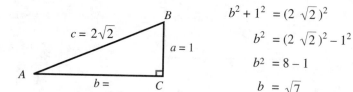

$$b^2 + 1^2 = (2\sqrt{2})^2$$
$$b^2 = (2\sqrt{2})^2 - 1^2$$
$$b^2 = 8 - 1$$
$$b = \sqrt{7}$$

$$\operatorname{sen} A = \frac{1}{2\sqrt{2}} = \frac{\sqrt{2}}{4} = 0.3535 \qquad \cot A = \frac{\sqrt{7}}{1} = \sqrt{7} = 2.6457$$

$$\cos A = \frac{\sqrt{7}}{2\sqrt{2}} = \frac{\sqrt{14}}{4} = 0.9354 \qquad \sec A = \frac{2\sqrt{2}}{\sqrt{7}} = \frac{2\sqrt{14}}{7} = 1.069$$

$$\tan A = \frac{1}{\sqrt{7}} = \frac{\sqrt{7}}{7} = 0.3779 \qquad \csc A = \frac{2\sqrt{2}}{1} = 2\sqrt{2} = 2.8284$$

Ejercicios

Geométricos

19

1. Encontrar el valor de las demás funciones trigonométricas, dado:

a) $\cos A = \frac{12}{13}$

b) $\cot B = \frac{20}{21}$

c) $\tan A = \frac{12}{18}$

d) $\sec B = \frac{6}{1}$

e) $\operatorname{sen} A = \frac{12}{37}$

f) $\operatorname{sen} A = \frac{9}{41}$

g) $\cot A = \frac{7}{24}$

h) $\sec A = 5$

i) $\sec A = \frac{89}{90}$

j) $\cot A = \frac{1}{5}$

k) $\csc A = 2.25$

l) $\cos A = \frac{24}{145}$

m) $\tan A = 2.4$

n) $\tan A = 1.25$

o) $\csc A = \sqrt{2}$

p) $\operatorname{sen} A = \frac{2}{3}$

q) $\sec A = \frac{61}{11}$

r) $\operatorname{sen} A = \frac{1}{2}$

s) $\cot A = \frac{20}{14}$

t) $\cos A = \frac{1}{3}$

u) $\csc A = 7$

v) $\cot A = \frac{3}{2}$

w) $\tan A = \frac{15}{8}$

x) $\tan A = \sqrt{3}$

y) $\operatorname{sen} A = \frac{36}{85}$

Expresar en forma decimal el valor de las funciones de los ángulos agudos
A y B:

a) $a = 12,$ $c = 37$ b) $b = 140,$ $c = 149$
c) $a = 25,$ $b = 60$ d) $c = 30.5,$ $a = 13.6$
e) $a = 63,$ $c = 65$ f) $a = 65,$ $b = 72$
g) $a = 22,$ $c = 40$ h) $a = 40,$ $b = 200$
i) $a = 17,$ $b = 26$ j) $c = 193,$ $b = 95$

NCIONES DE LOS ÁNGULOS DE 30° Y 60°

en un triángulo equilátero de lado igual a dos unidades, se traza la bisectriz
uno de sus ángulos al lado opuesto, entonces el triángulo equilátero queda
vidido en dos triángulos rectángulos congruentes, pues la bisectriz coincide
n la mediana y la altura.

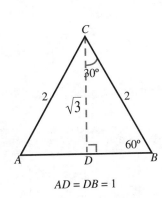

$AD = DB = 1$

$$\text{sen } 30° = \frac{1}{2} = 0.5000$$

$$\cos 30° = \frac{\sqrt{3}}{2} = 0.8660$$

$$\tan 30° = \frac{1}{\sqrt{3}} = \frac{\sqrt{3}}{3} = 0.5773$$

$$\cot 30° = \frac{\sqrt{3}}{1} = \sqrt{3} = 1.7320$$

$$\sec 30° = \frac{2}{\sqrt{3}} = \frac{2\sqrt{3}}{3} = 1.1547$$

$$\csc 30° = \frac{2}{1} = 2 = 2.0000$$

$$\text{sen } 60° = \frac{\sqrt{3}}{2} = 0.8660 = \cos 30°$$

$$\cos 60° = \frac{1}{2} = 0.5000 = \text{sen } 30°$$

$$\tan 60° = \frac{\sqrt{3}}{1} = \sqrt{3} = 1.7320 = \cot 30°$$

$$\cot 60° = \frac{1}{\sqrt{3}} = \frac{\sqrt{3}}{3} = 0.5773 = \tan 30°$$

$$\sec 60° = \frac{2}{1} = 2 = 2.0000 = \csc 30°$$

$$\csc 60° = \frac{2}{\sqrt{3}} = \frac{2\sqrt{3}}{3} = 1.1547 = \sec 30°$$

FUNCIONES DEL ÁNGULO DE 45°

Si en un cuadrado de lado igual a 1 se traza una diagonal, se obtienen dos triángulos rectángulos congruentes, pues la diagonal es bisectriz de los ángulos cuyos vértices une.

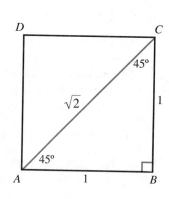

$$\text{sen } 45° = \frac{1}{\sqrt{2}} = \frac{\sqrt{2}}{2} = 0.7071$$

$$\cos 45° = \frac{1}{\sqrt{2}} = \frac{\sqrt{2}}{2} = 0.7071$$

$$\tan 45° = \frac{1}{1} = 1 = 1.0000$$

$$\cot 45° = \frac{1}{1} = 1 = 1.0000$$

$$\sec 45° = \frac{\sqrt{2}}{1} = \sqrt{2} = 1.4142$$

$$\csc 45° = \frac{\sqrt{2}}{1} = \sqrt{2} = 1.4142$$

Con los valores de las funciones de 30°, 45° y 60° se forma la siguiente tabla

ángulo	sen	cos	tan	cot	sec	csc
30°	$\frac{1}{2}$	$\frac{1}{2}\sqrt{3}$	$\frac{1}{3}\sqrt{3}$	$\sqrt{3}$	$\frac{2}{3}\sqrt{3}$	2
45°	$\frac{1}{2}\sqrt{2}$	$\frac{1}{2}\sqrt{2}$	1	1	$\sqrt{2}$	$\sqrt{2}$
60°	$\frac{1}{2}\sqrt{3}$	$\frac{1}{2}$	$\sqrt{3}$	$\frac{1}{3}\sqrt{3}$	2	$\frac{2}{3}\sqrt{3}$

Haciendo uso de la tabla se puede calcular el valor numérico de expresiones como las siguientes:

a) $\cot 45° + \text{sen } 30° = 1 + \frac{1}{2} = 1\frac{1}{2} = 1.5$

b) $\tan 45° \text{ sen } 30° - \cot 45° \cos 60° =$

$$1 \cdot \frac{1}{2} - 1 \cdot \frac{1}{2} = \frac{1}{2} - \frac{1}{2} = 0$$

c) $\dfrac{\sec 45° \cos 60° \cot 30°}{\text{sen } 30° \tan 60° \csc 45°} = \dfrac{\sqrt{2} \cdot \frac{1}{2} \cdot \sqrt{3}}{\frac{1}{2} \cdot \sqrt{3} \cdot \sqrt{2}}$

Hallar el valor numérico de:

a) $2 \operatorname{sen} 30° \cos 30° \cot 60°$

b) $\operatorname{sen} 60° \cot 30° \tan 45°$

c) $\operatorname{sen} 30° \cos 45° + \cos 60° \tan 30°$

d) $\cot 60° \tan 30° + \sec^2 45°$

e) $\tan^2 60° + 2 \tan^2 45°$

f) $2 \cot 30° + \sec 60°$

g) $3 \tan 45° - 4 \operatorname{sen} 30°$

h) $\dfrac{\tan 45° + \cot 45°}{\csc 30°}$

i) $\dfrac{\operatorname{sen} 60° - \cos 30°}{\sec 60°}$

j) $\dfrac{\cos 45° \sec 60°}{\csc 45°}$

FUNCIONES TRIGONOMÉTRICAS EN EL PLANO CARTESIANO

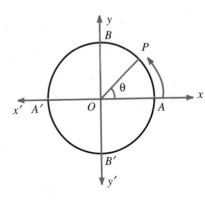

Hasta ahora se han estudiado las funciones trigonométricas sólo en ángulos agudos, pero lo usual en trigonometría es que se consideren ángulos de cualquier magnitud.

Sea un círculo con centro en el origen de los ejes coordenados xx', yy' donde AA' y BB' son diámetros coincidentes con los ejes coordenados. Si el radio OA gira alrededor del punto O en sentido contrario al giro de las manecillas del reloj, cuando OA llegue a la posición OP habrá generado el ángulo AOP o ángulo θ (teta), en el que OA es el lado inicial y OP es el lado final (lado terminal). La medida del ángulo θ será igual a la del arco AP.

Si OA continúa girando en el mismo sentido, cuando coincida con OB habrá generado un ángulo de $90°$, cuando coincida con OA', uno de $180°$; con OB'; uno de $270°$, y cuando vuelva a su posición inicial habrá generado un ángulo de $360°$ (ángulo de una vuelta).

ÁNGULOS POSITIVOS Y ÁNGULOS NEGATIVOS

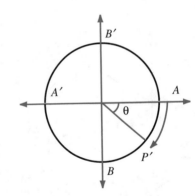

Se ha convenido en considerar como positivos a los ángulos generados mediante un giro en sentido contrario al giro de las manecillas del reloj y negativos si se generan mediante un giro en el mismo sentido de las manecillas del reloj. AOP' $(-\theta)$ es un ángulo negativo, AOB' será $-90°$, AOA' es un ángulo de $-180°$, AOB de $-270°$ y la vuelta entera dará un ángulo de $-360°$, así se pueden considerar ángulos negativos de cualquier magnitud.

ÁNGULO DIRIGIDO

Se llama ángulo dirigido a aquel en que además de considerar su amplitud, s toma en cuenta su sentido. De esta manera, si en las dos figuras anteriores l medida del ángulo teta en valor absoluto es igual a 40°, entonces $\sphericalangle AOP = 40$ mientras que $\sphericalangle AOP' = -40°$.

ÁNGULO EN POSICIÓN NORMAL

Se dice que un ángulo está en posición normal cuando su lado inicial coincid con el semieje positivo de las x y su vértice coincide con el origen. En la figuras anteriores $\sphericalangle AOP$ y $\sphericalangle AOP'$ son ángulos en posición normal.

Son **ángulos coterminales** los que colocados en posición normal, tiene coincidentes sus lados terminales.

Los ángulos de 0°, 90°, 180°, 270° y todos sus ángulos coterminales recibe el nombre de **ángulos cuadrangulares**.

SIGNOS DE LAS FUNCIONES EN LOS DIFERENTES CUADRANTES

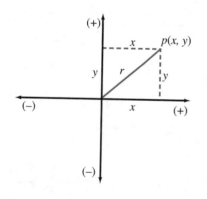

Recuérdese que en un sistema de coordenadas rectangulares, un punto cualquiera P queda determinado por sus coordenadas, es decir, por sus distancias dirigidas a los ejes.

La distancia no dirigida r de P o radio vector de P está dada por $r = \sqrt{x^2 + y^2}$.

Sea θ un ángulo no cuadrangular colocado en posición normal y sea $P(x, y)$ un punto distinto del origen, perteneciente al lado terminal del ángulo, las seis funciones de θ se definen, en términos de la abscisa, la ordenada y la distancia de P como sigue:

$$\text{sen } \theta = \frac{\text{ordenada}}{\text{distancia}} = \frac{y}{r} \qquad\qquad \cot \theta = \frac{\text{abscisa}}{\text{ordenada}} = \frac{x}{y}$$

$$\cos \theta = \frac{\text{abscisa}}{\text{distancia}} = \frac{x}{r} \qquad\qquad \sec \theta = \frac{\text{distancia}}{\text{abscisa}} = \frac{r}{x}$$

$$\tan \theta = \frac{\text{ordenada}}{\text{abscisa}} = \frac{y}{x} \qquad\qquad \csc \theta = \frac{\text{distancia}}{\text{ordenada}} = \frac{r}{y}$$

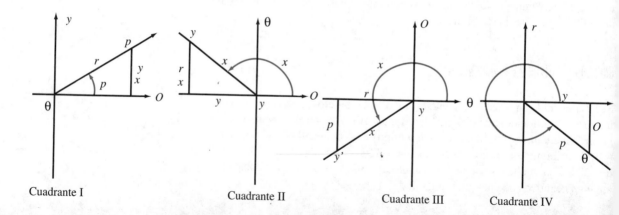

Cuadrante I   Cuadrante II   Cuadrante III   Cuadrante IV

Dado que r es siempre positiva, los signos de las funciones en los distintos cuadrantes dependen de los signos de x y de y.

Por tanto, en el primer cuadrante todas las funciones son positivas, en el segundo cuadrante es positiva la función seno y su recíproca, en el tercero es positiva la función tangente y su recíproca, y en el cuarto es positiva la función coseno y su recíproca.

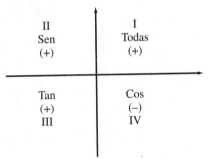

Ejemplos:

Dado $\cos \theta = \dfrac{4}{5}$, encontrar los valores de $\operatorname{sen} \theta$ y $\tan \theta$.

Como $\cos \theta$ es positivo, θ tiene su lado terminal en el primer cuadrante o en el cuarto.

$$\cos \theta = \frac{x}{r} = \frac{4}{5}$$

entonces $x = 4$, $r = 5$, y $y = \pm \sqrt{5^2 - 4^2} = \pm \sqrt{9} = \pm 3$

Si el lado terminal del ángulo θ está en el primer cuadrante:

$$\operatorname{sen} \theta = \frac{y}{r} \ \text{y} \ \tan \theta = \frac{y}{x} = \frac{3}{4}.$$

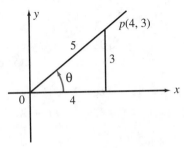

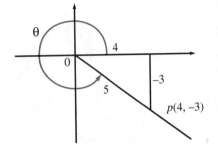

Si el lado terminal del ángulo θ está en el cuarto cuadrante:

$$\operatorname{sen} \theta = \frac{y}{r} = \frac{-3}{5} = -\frac{3}{5} = \text{y} \ \tan \theta = \frac{y}{x} = \frac{-3}{4} = -\frac{3}{4}.$$

Dada $\tan \theta = -\dfrac{3}{4}$, hallar los valores de $\operatorname{sen} \theta$ y $\cos \theta$.

Como $\tan \theta = \dfrac{y}{x}$ es negativa, θ tiene su lado terminal en el segundo cuadrante si $x = -4$, $y = 3$ o en el cuarto cuadrante si $x = 4$, $y = -3$.

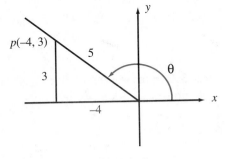

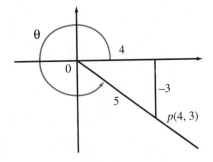

En ambos casos $r = \sqrt{16 + 9} = 5$

Si el lado terminal de θ está en el segundo cuadrante:

$$\operatorname{sen} \theta = \frac{y}{r} = \frac{3}{5} \ \text{y} \ \cos \theta = \frac{x}{r} = \frac{-4}{5}.$$

Si el lado terminal de θ está en el cuarto cuadrante:

$$\operatorname{sen} \theta = \frac{y}{r} = \frac{-3}{5} \ \text{y} \ \cos \theta = \frac{x}{r} = \frac{4}{5}.$$

FUNCIONES PARA CUALQUIER ÁNGULO

Toda función trigonométrica de $(n \cdot 90° \pm \theta)$, donde n es un número entero y θ es un ángulo cualquiera, es numéricamente igual a:

a) La misma función de θ si n es par.

b) La correspondiente cofunción de θ si n es impar.

En ambos casos, el signo es el que corresponde a la función dada según el cuadrante en el que está el lado terminal de $n \cdot 90° \pm \theta$ cuando θ es un ángulo agudo positivo.

Ejemplos:

Expresar como funciones de un ángulo agudo positivo, en dos formas diferentes, cada una de las siguientes funciones.

1. cos 120°

Un ángulo de 120° en posición normal tiene su lado terminal en el segundo cuadrante y en éste la función coseno tiene signo negativo, por tanto:

$\cos 120° = \cos (2 \cdot 90° - 60°) = -\cos 60°$ (n par, misma función)

$\cos 120° = \cos (1 \cdot 90° + 30°) = -\text{sen } 30°$ (n impar, cofunción)

2. sen 225°

Un ángulo de 225° en posición normal tiene su lado terminal en el tercer cuadrante y en éste la función seno tiene signo negativo, por tanto:

$\text{sen } 225° = \text{sen } (2 \cdot 90° + 45°) = -\text{sen } 45°$ (n par, misma función)

$\text{sen } 225° = \text{sen } (3 \cdot 90° - 45°) = -\cos 45°$ (n par, cofunción)

3. tan 300°

$\tan 300° = \tan (4 \cdot 90° - 60°) = -\tan 60°$

$\tan 300° = \tan (3 \cdot 90° + 30°) = -\cot 30°$

4. sen (– 100°)

Un ángulo de – 100° en posición normal tiene su lado terminal en el tercer cuadrante y en éste la función seno tiene signo negativo, por tanto:

$\text{sen } (-100°) = \text{sen } (-2 \cdot 90° + 80°) = -\text{sen } 80°$

$\text{sen } (-100°) = \text{sen } (-1 \cdot 90° - 10°) = -\cos 10°$

5. cot (– 290°)

$\cot (-290°) = \cot (-4 \cdot 90° + 70°) = \cot 70°$

$\qquad\qquad = \cot (-3 \cdot 90° - 20°) = \tan 20°$

Obsérvese que un ángulo de –290° en posición normal tiene su lado terminal en el primer cuadrante y en éste todas las funciones son positivas.

$\text{sen } 115° \ 18' = \text{sen } (2 \cdot 90° - 64° \ 42') = \text{sen } 64° \ 42'$

$\text{sen } 115° \ 18' = \text{sen } (1 \cdot 90° + 25° \ 18') = \cos 25° \ 18'$

$\cos 159° \ 35' = \cos (2 \cdot 90° - 20° \ 25') = -\cos 20° \ 25'$

$\cos 159° \ 35' = \cos (1 \cdot 90° + 69° \ 35') = -\text{sen } 69° \ 35'$

$\tan 200° \ 23' = \tan (2 \cdot 90° + 20° \ 23') = \tan 20° \ 23'$

$\tan 200° \ 23' = \tan (3 \cdot 90° - 69° \ 37') = \cot 69° \ 37'$

$\cot 250° \ 28' = \cot (2 \cdot 90° + 70° \ 28') = \cot 70° \ 28'$

$\cot 250° \ 28' = \cot (3 \cdot 90° - 19° \ 32') = \tan 19° \ 32'$

$\text{sen } 625° \ 40' = \text{sen } (6 \cdot 90° + 85° \ 40') = -\text{sen } 85° \ 40'$

$\text{sen } 625° \ 40' = \text{sen } (7 \cdot 90° - 4° \ 20') = -\cos 4° \ 20'$

Como se puede observar, al expresar las funciones en dos formas diferentes, os ángulos son complementarios.

NCIONES PARA ÁNGULOS DE 0°, 90°, 180°, 270° Y 360°

l lado terminal de un ángulo cuadrangular coincide con uno de los ejes. Un unto P (distinto del origen) del lado terminal tiene por coordenadas $x = 0$, $\neq 0$, o $x \neq$ de 0, $y = 0$. En los dos casos ocurre que dos de las seis funciones no stán definidas, de modo que en un ángulo de 0° al lado terminal coincide con l semieje positivo de las x, la abscisa es igual a la distancia r $(x = r)$ y la rdenada es igual a 0, es decir, $y = 0$, así tenemos que P $(x, 0)$. Como el enominador de las relaciones que definen la cotangente y la cosecante es la rdenada, estas funciones no están definidas. Para expresar este hecho se tilizará la notación $\cot 0° = \pm \infty$.

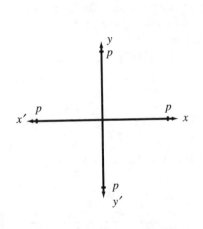

$$\text{sen } 0° = \frac{y}{r} = \frac{0}{r} = 0$$

$$\cos 0° = \frac{x}{r} = \frac{r}{r} = 1$$

$$\tan 0° = \frac{y}{x} = \frac{0}{x} = 0$$

$$\cot 0° = \frac{x}{y} = \frac{x}{0} = \pm \infty$$

$$\sec 0° = \frac{r}{x} = \frac{r}{r} = 1$$

$$\csc 0° = \frac{r}{y} = \frac{r}{0} = \pm \infty$$

En un ángulo de 90° la abscisa es igual a cero ($x = 0$) y la distancia es igual a la ordenada ($y = r$), $P(0, y)$.

En un ángulo de 180° la abscisa es negativa e igual a la distancia en valor absoluto ($x = -r$) y la ordenada es igual a cero ($y = 0$), por lo que las coordenadas son $P(x, 0)$.

En un ángulo de 270° la abscisa es igual a cero ($x = 0$) y la ordenada es negativa e igual a la distancia en valor absoluto ($y = -r$), $P(0, y)$.

En un ángulo de 360°, las funciones son las mismas que las del ángulo de 0°, $x = r$, $y = 0$.

Funciones	0°	90°	180°	270°	360°
sen	0	1	0	−1	0
cos	1	0	−1	0	1
tan	0	$\pm\infty$	0	$\pm\infty$	0
cot	$\pm\infty$	0	$\pm\infty$	0	$\pm\infty$
sec	1	$\pm\infty$	−1	$\pm\infty$	1
csc	$\pm\infty$	1	$\pm\infty$	−1	$\pm\infty$

CÍRCULO TRIGONOMÉTRICO

En el círculo trigonométrico se representan las funciones por medio de segmentos de recta.

Las funciones trigonométricas de un ángulo son razones que se pueden representar por medio de segmentos de recta si se escoge una unidad de longitud tal que el denominador de todas las razones sea la unidad. Esto se puede conseguir en el círculo trigonométrico, en el cual el radio es la unidad de longitud, $r = 1$.

Sean AA' y BB' dos diámetros perpendiculares coincidentes con los ejes rectangulares xx', yy'.

Sea AOP un ángulo θ cualquiera, generado por la rotación del radio alrededor del centro, siendo OA la posición inicial y OP la posición terminal, se trazan PM perpendicular a AO y PQ perpendicular a OB.

En la figura de arriba el triángulo rectángulo MOP tiene como hipotenusa a $OP = r = 1$.

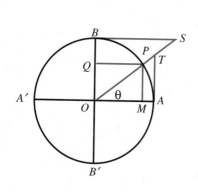

$$\operatorname{sen} \theta = \frac{y}{r} = \frac{-3}{5}$$

$$\cos \theta = \frac{OM}{OP} = \frac{OM}{1} = OM$$

En A, se traza AT perpendicular al radio OA, hasta encontrarse con la prolongación de OP.

$$\tan \theta = \frac{PM}{OM} = \frac{AT}{OA} = \frac{AT}{1} = AT,$$

$$\sec \theta = \frac{OP}{OM} = \frac{OT}{OA} = \frac{OT}{1} = OT$$

Para obtener la cot θ y la csc θ, se traza *BS* perpendicular a *OB* en *B* hasta contrarse con la prolongación de *OP*.

El ángulo *BOS* es complementario del ángulo θ, entonces la tangente del gulo *BOS* es igual a la cotangente del ángulo θ y la secante del ángulo *BOS* igual a la cosecante del ángulo θ.

$$\tan BOS = \frac{PQ}{OQ} = \frac{BS}{OB} = \frac{BS}{1} = BS, \text{ entonces } \cot θ = BS$$

$$\sec BOS = \frac{OP}{OQ} = \frac{OS}{OB} = \frac{OS}{1} = OS, \text{ entonces } \cot θ = OS$$

Así, todas las funciones del ángulo θ quedan representadas por segmentos de cta.

$\text{sen } θ = PM,$ perpendicular bajada del punto terminal del arco al diámetro *AA′*.

$\cos θ = OM,$ distancia del centro al pie del seno.

$\tan θ = AT,$ perpendicular en *A* al diámetro *AA′*, hasta encontrarse con la prolongación del radio que pasa por el punto *P*.

$\cot θ = BS,$ perpendicular en *B* al diámetro *BB′*, hasta encontrarse con la prolongación del radio que pasa por el punto *P*.

$\sec θ = OT,$ distancia del centro a la extremidad de la tangente.

$\csc θ = OS,$ distancia del centro a la extremidad de la cotangente.

Como θ es un ángulo del primer cuadrante todas las funciones son positivas. En cualquier cuadrante en el que esté el lado terminal del ángulo considerado, la tangente se obtiene por medio de la perpendicular en el punto *A* y la cotangente por medio de la perpendicular en el punto *B*.

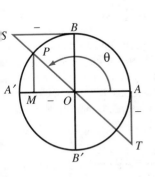 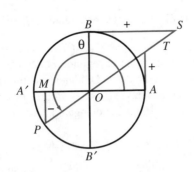 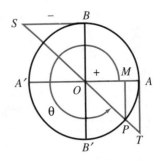

En los diferentes cuadrantes $\angle AOP = \angle θ$

2° cuadrante	3° cuadrante	4° cuadrante
$\text{sen } θ = PM$	$\text{sen } θ = -PM$	$\text{sen } θ = -PM$
$\cos θ = -OM$	$\cos θ = -OM$	$\cos θ = OM$
$\tan θ = -AT$	$\tan θ = AT$	$\tan θ = -AT$
$\cot θ = -BS$	$\cot θ = BS$	$\cot θ = -BS$
$\sec θ = -OT$	$\sec θ = -OT$	$\sec θ = OT$
$\csc θ = OS$	$\csc θ = -OS$	$\csc θ = -OS$

VARIACIONES DE LAS FUNCIONES TRIGONOMÉTRICAS

Si en el círculo trigonométrico consideramos un punto P que a partir del punto A, se mueve sobre la circunferencia en sentido contrario al giro de las manecillas del reloj, entonces el ángulo AOP (θ) varía de 0° hasta 360° y en las funciones se observa lo siguiente:

Seno. El valor del seno varía entre 1 y –1 y su valor absoluto siempre queda comprendido entre 0 y 1.

En el primer cuadrante (de 0° a 90°), el seno crece de 0 a 1; en el segundo cuadrante (de 90° a 180°), el seno decrece de 1 a 0; en el tercer cuadrante (de 180° a 270°), el seno decrece de 0 a –1; en el cuatro cuadrante (de 270° a 360°), el seno crece de –1 a 0.

Coseno. El valor del coseno varía entre –1 y 1 y su valor absoluto siempre queda comprendido entre 0 y 1.

En el primer cuadrante (de 0° a 90°), el coseno decrece de 1 a 0; en el segundo cuadrante (de 90° a 180°), el coseno decrece de 0 a –1; en el tercer cuadrante (de 180° a 270°), el coseno crece de –1 a 0; en el cuatro cuadrante (de 270° a 360°), el coseno crece de 0 a 1.

Tangente. El valor de la tangente varía de $+\infty$ a $-\infty$.

En el primer cuadrante (de 0° a 90°), la tangente crece a partir de 0 indefinidamente; en el segundo cuadrante (de 90° a 180°) la tangente crece desde grandes valores negativos hasta 0; en el tercer cuadrante (de 180° a 270°), la tangente crece a partir de 0 indefinidamente; en el cuatro cuadrante (de 270° a 360°), la tangente crece desde grandes valores negativos hasta 0.

Cotangente. El valor de la cotangente varía de $+\infty$ a $-\infty$.

En el primer cuadrante (de 0° a 90°), la cotangente decrece desde grandes valores positivos hasta 0, en el segundo cuadrante (de 90° a 180°), la cotangente decrece a partir de 0 indefinidamente; en el tercer cuadrante (de 180° a 270°), la cotangente decrece desde grandes valores positivos hasta 0; en el cuarto cuadrante (de 270° a 360°), la cotangente decrece a partir de 0 indefinidamente.

Secante. El valor de la secante varía de $+\infty$ a $-\infty$.

En el primer cuadrante (de 0° a 90°), la secante crece a partir de 1 indefinidamente; en el segundo cuadrante (de 90° a 180°), la secante crece desde grandes valores negativos hasta –1; en el tercer cuadrante (de 180° a 270°), la secante decrece a partir de –1 indefinidamente; en el cuarto cuadrante (de 270° a 360°), la secante decrece desde grandes valores positivos hasta 1.

Cosecante. El valor de la cosecante varía de $+\infty$ a $-\infty$.

En el primer cuadrante (de 0° a 90°), la cosecante decrece desde grandes valores positivos hasta 1; en el segundo cuadrante (de 90° a 180°), la cosecante crece a partir de 1 indefinidamente; en el tercer cuadrante (de 180° a 270°), la cosecante crece desde grandes valores negativos hasta –1; en el cuarto cuadrante (de 270° a 360°), la cosecante decrece a partir de –1 indefinidamente.

ÁFICAS DE LAS FUNCIONES TRIGONOMÉTRICAS

• •

el siguiente cuadro los valores del ángulo θ están expresados en radianes.

θ	$y = \operatorname{sen} \theta$	$y = \cos \theta$	$y = \tan \theta$	$y = \cot \theta$	$y = \sec \theta$	$y = \csc \theta$
0	0	1.00	0	$\pm \infty$	1.00	$\pm \infty$
$\dfrac{\pi}{6}$	0.50	0.87	0.58	1.73	1.15	2.00
$\dfrac{\pi}{4}$	0.71	0.71	1.00	1.00	1.41	1.41
$\dfrac{\pi}{3}$	0.87	0.50	1.73	0.58	2.00	1.15
$\dfrac{\pi}{2}$	1.00	0	$\pm \infty$	0	$\pm \infty$	1.00
$\dfrac{2\pi}{3}$	0.87	-0.50	-1.73	-0.58	-2.00	1.15
$\dfrac{3\pi}{4}$	0.71	-0.71	-1.00	-1.00	-1.41	1.41
$\dfrac{5\pi}{6}$	0.50	-0.87	-0.58	-1.73	-1.15	2.00
π	0	-1.00	0	$\pm \infty$	-1.00	$\pm \infty$
$\dfrac{7\pi}{6}$	-0.50	-0.87	0.58	1.73	-1.15	-2.00
$\dfrac{5\pi}{4}$	-0.71	-0.71	1.00	1.00	-1.41	-1.41
$\dfrac{4\pi}{3}$	-0.87	-0.50	1.73	0.58	-2.00	-1.15
$\dfrac{3\pi}{2}$	-1.00	0	$\pm \infty$	0	$\pm \infty$	-1.00
$\dfrac{5\pi}{3}$	-0.87	0.50	-1.73	-0.58	2.00	-1.15
$\dfrac{7\pi}{2}$	-0.71	0.71	-1.00	-1.00	1.41	-1.41
$\dfrac{11\pi}{6}$	-0.50	0.87	-0.58	-1.73	1.15	-2.00
2π	0	1.00	0	$\pm \infty$	1.00	$\pm \infty$

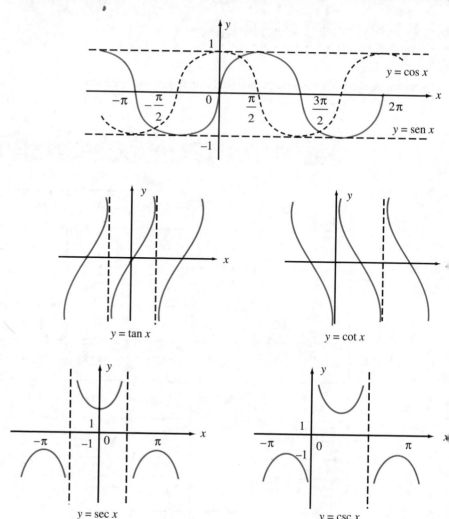

$y = \cos x$

$y = \mathrm{sen}\, x$

$y = \tan x$

$y = \cot x$

$y = \sec x$

$y = \csc x$

En las gráficas se puede observar que:

a) $\mathrm{sen}\left(\dfrac{\pi}{2}+x\right) = \cos x$, entonces $y = \cos x$ se puede obtener con sólo correr l
gráfica de $y = \mathrm{sen}\, x$ una distancia igual $\dfrac{\pi}{2}$, hacia la izquierda.

b) $\csc\left(\dfrac{\pi}{2}+x\right) = \sec x$, entonces $y = \csc x$ se puede obtener con sólo correr l
gráfica de $y = \sec x$ una distancia igual a $\dfrac{\pi}{2}$, hacia la derecha.

c) Las funciones seno, coseno, secante y cosecante repiten sus valores a
intervalos de 2π, mientras que la tangente y cotangente lo hacen a intervalos
de π.

De acuerdo con la forma general en que se han definido las funciones
trigonométricas en el plano cartesiano, se puede considerar como dominio de
las mismas al conjunto de los números reales (R) con ciertas excepciones. Dichas
excepciones se refieren a los valores inadmisibles de la función, pues en ello
la función no está definida.

Si n = 0, 1, 2, 3,... entonces el dominio de definición de cada función queda expresado de la siguiente forma:

Función	Dominio
seno	R
coseno	R
tangente	R excepto $\left\{ \dfrac{\pi}{2} \pm n\,\pi \right\}$
cotangente	R excepto $\left\{ \pm n\,\pi \right\}$
secante	R excepto $\left\{ \dfrac{\pi}{2} \pm n\,\pi \right\}$
cosecante	R excepto $\left\{ \pm n\,\pi \right\}$

Ejercicios

Geomètricos

21

Localizar en el plano cartesiano los puntos que se indican y hallar el valor de r correspondiente a cada uno de ellos.

a) A (3, 4)   b) B (–6, 5)
c) C (–5, –4)   d) D (4, –5)

Hallar los valores de las funciones trigonométricas del ángulo θ (el menor de los ángulos positivos en posición normal), si P es un punto del lado terminal de θ y las coordenadas de P son:

a) P (3, 4)   b) P (–3, 4)
c) P (–3, –4)   d) P (3, –4)

Hallar sen θ, si cos $\theta = -\dfrac{4}{5}$ y tan θ es positiva.

Expresar como funciones de un ángulo agudo positivo, en dos formas diferentes, cada una de las siguientes funciones:

a) sen 135°   b) cos 225°
c) cot 430°   d) tan 155°
e) sec 325°   f) csc 190°
g) sen (–200°)   h) cos (–600°)
i) tan (–910°)   j) cot 610°

5. En el círculo trigonométrico, comprobar que las funciones que se indican son numéricamente iguales para los ángulos en posición normal.

a) sen 160° = sen 20°   c) cot 220° = cot 40°
b) tan 130° = –tan 50°   d) cot 300° = –cot 60°

e) cot 135° = –cot 45°

SOLUCIÓN DE TRIÁNGULOS RECTÁNGULOS

En un triángulo rectángulo se tienen cinco elementos fundamentales. L[os]
ángulos agudos y los tres lados. Cuando se desconoce la medida de uno de l[os]
dos ángulos agudos, ésta se puede determinar restándole a 90° el valor d[el]
ángulo conocido. Si se conocen dos elementos fundamentales de un triángul[o]
rectángulo, que no sean dos ángulos, es posible resolver el triángulo, es deci[r]
se pueden calcular los valores de los demás elementos.

En general se presentan dos casos:

   a) Cuando se conocen un lado y un ángulo.
   b) Cuando se conocen dos lados.

La resolución se hace con aplicación de algunas de las cuatro primeras funcione[s]
o el teorema de Pitágoras.

Conociendo un lado y un ángulo agudo se puede resolver un triángulo rectángul[o]

Ejemplos:

1. Resolver el triángulo rectángulo ABC si $\angle A = 65°2'$ y $c = 75$ m.

Datos	**Incógnitas**	
$\angle C = 90°$	$\angle B =$	$\angle B = 90° - \angle A$
$\angle A = 65°20'$	$a =$	$= 89°60' - 65°20'$
$c = 75$ m	$b =$	$= 24°40'$

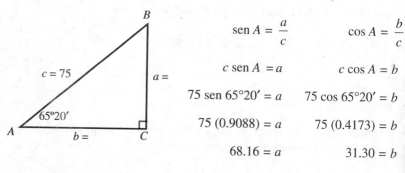

$$\operatorname{sen} A = \frac{a}{c} \qquad \cos A = \frac{b}{c}$$

$$c\operatorname{sen} A = a \qquad c\cos A = b$$

$$75\operatorname{sen} 65°20' = a \qquad 75\cos 65°20' = b$$

$$75\,(0.9088) = a \qquad 75\,(0.4173) = b$$

$$68.16 = a \qquad 31.30 = b$$

Solución: $\angle B = 24°40'$; $a = 68.16$ m; $b = 31.39$ m.

2. Resolver el triángulo rectángulo ABC si $a = 32.45$ m y $\angle A = 29°18'$.

Datos	**Incógnitas**	
$\angle C = 90°$	$\angle B =$	
$\angle A = 29°18'$	$b =$	$\angle B = 90° - \angle A$
$a = 32.45$ m	$c =$	$= 89°60' - 29°18'$
		$= 60°42'$

$$\operatorname{sen} A = \frac{a}{c} \qquad \cot A = \frac{b}{a}$$

$c \operatorname{sen} A = a$

$$c = \frac{a}{\operatorname{sen} A}$$

$$c = \frac{32.45}{\operatorname{sen} 29° 18'}$$

$$c = \frac{32.45}{0.4894}$$

$$c = 66.3056$$

$a \cot A = b$

$32.45 \cot 29°18' = b$

$32.45 \, (1.782) = b$

$57.8259 = b$

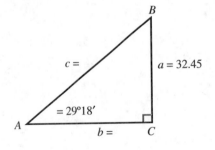

Solución: $\measuredangle B = 60°42'$; $b = 57.83$ m, $c = 66.31$ m.

Conociendo dos lados, resolver el triángulo rectángulo.

Ejemplos:

1. Resolver el triángulo ABC si $a = 45.2$ m y $b = 20.5$ m.

Datos	Incógnitas	
$\measuredangle C = 90°$	$\measuredangle A = \tan A = \dfrac{a}{b}$	$\operatorname{sen} A = \dfrac{a}{c}$
$a = 45.2$ m	$\measuredangle B = \tan A = \dfrac{45.2}{20.5}$	$c \operatorname{sen} A = a$
$b = 20.5$	$c = \tan A = 2.204$	$c = \dfrac{a}{\operatorname{sen} A}$
	$\measuredangle A = 65°36'$	$c = \dfrac{45.2}{\operatorname{sen} 65° 36'}$
	$\measuredangle B = 90° - \measuredangle A$	$c = \dfrac{45.2}{0.9107}$
	$= 90° - 65°36'$	
	$\measuredangle B = 24°24'$	$c = 49.63$ m

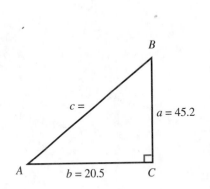

Solución: $\measuredangle A = 65°36'$; $\measuredangle B = 24°24'$; $c = 49.63$ m.

2. Resolver el triángulo ABC si $a = 279$ y $c = 521$.

Datos	Incógnitas		
$\measuredangle C = 90°$	$\measuredangle A =$	$\operatorname{sen} A = \dfrac{a}{c}$	$\cos A = \dfrac{b}{c}$
$a = 279$	$\measuredangle B =$	$\operatorname{sen} A = \dfrac{279}{521}$	$c \cos A = b$
$c = 521$	$b =$		
		$\operatorname{sen} A = 0.5355$	$521 \cos 32°23' = b$

B

$A = 32°23'$ $521(0.8445) = b$

$\sphericalangle B = 90° - \sphericalangle A$ $439.98 = b$

$c = 521$

$a = 279$

$= 90° - 32°23'$

A $b =$ C $= 57°37'$

Solución: $\sphericalangle A = 32°23'$; $\sphericalangle B = 57°37'$; $b = 439.98$

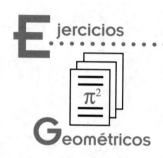

Ejercicios

Geométricos

22

1. Resolver el triángulo rectángulo ABC, dados:

a) $c = 54$, $A = 37°40'$ b) $c = 458$, $A = 64°18'$
c) $c = 12$, $A = 49°$ d) $c = 278.5$, $B = 60°30'$
e) $c = 100$, $B = 37°12'$ f) $c = 415$, $A = 55°43'$
g) $c = 953$, $B = 67°39'$ h) $c = 469.4$, $A = 26°12'$
i) $c = 138.5$, $B = 60°12'$ j) $c = 98$, $A = 73°50'$
k) $a = 67$, $A = 42°30'$ l) $b = 25$, $B = 57°$
m) $a = 156$, $A = 49°36'$ n) $a = 245$, $A = 54°40'$
o) $a = 38$, $A = 42°48'$ p) $a = 120$, $A = 61°$
q) $b = 261.7$, $A = 43°21'$ r) $b = 842$, $B = 79°14'$
s) $b = 154$, $A = 63°12'$ t) $b = 120$, $B = 35°20'$

2. Resolver el triángulo rectángulo ABC, dados:

a) $a = 36$, $b = 58$ b) $a = 18.9$, $b = 32$
c) $a = 425$, $b = 260$ d) $a = 672.3$, $b = 384.5$
e) $a = 214.6$, $b = 187.4$ f) $a = 412.5$, $b = 308$
g) $a = 384$, $b = 512$ h) $a = 45$, $b = 62$
i) $a = 122$, $b = 97$ j) $a = 68$, $b = 35$
k) $c = 47$, $b = 33$ l) $c = 729.5$, $b = 617.5$
m) $c = 326$, $a = 28$ n) $c = 156.8$, $a = 99.46$
o) $c = 89$, $a = 72$ p) $c = 149$, $a = 51$
q) $c = 137$, $b = 105$ r) $c = 389$, $b = 189$
s) $c = 125.8$, $b = 59.2$ t) $c = 427.6$, $b = 351.4$

3. En cada problema hallar los datos que se piden.

a) Una columna de 27 m de altura proyecta sobre el piso una sombra de 35.1 m. Hallar el ángulo de inclinación del Sol.

b) Calcular la altura de una torre si desde un punto situado a un kilómetro de la base se ve la cúspide con un ángulo de elevación de 16°42′.

c) Una torre de 28.2 m de altura está situada a la orilla de un río. Desde lo alto del edificio, el ángulo de depresión a la orilla opuesta es de 25°12′. Hallar el ancho del río.

d) Desde lo alto de una torre de 37 m, los ángulos de depresión de dos objetos situados de un mismo lado y en la misma línea horizontal que el pie del edificio, son respectivamente $10°13'$ y $15°46'$. Hallar la distancia entre los dos objetos.

e) Desde la cumbre de un cerro de 300 m de alto, el ángulo de depresión de un barco es de $17°35'$. Hallar la distancia del barco al punto de observación.

f) Hallar la altura de un avión, si la sombra proyectada está a 156 m del pie de la vertical, estando el Sol $78°$ sobre el horizonte.

g) Se observa desde lo alto de un faro que los ángulos de depresión de dos barcos en línea recta con él son $14°$ y $9°$ respectivamente; si la distancia del faro al primer barco es 200 m, hallar la altura del faro y la distancia de éste al segundo barco.

h) Un asta de bandera está fijada verticalmente en lo alto de un edificio. Desde un punto a 50 m del pie del edificio, los ángulos de elevación al pie y a la punta del asta son $21°50'$ y $33°03'$. Hallar la medida del asta.

i) Desde un avión que está a 180 m sobre el centro de una ciudad, el ángulo de depresión a otra población es de $10°14'$. Hallar la distancia entre las dos poblaciones.

j) Una escalera alcanza el borde de una ventana que está a 7.8 m del suelo y forma con la pared un ángulo de $28°15'$. Hallar la medida de la escalera.

ÁNGULOS DE ELEVACIÓN Y DE DEPRESIÓN

Al aplicar la resolución de triángulos rectángulos a problemas de orden práctico generalmente se hace referencia a ángulos llamados de elevación y de depresión.

Llamaremos visual a la línea recta que va del ojo del observador al objeto observado.

Se llama ángulo de elevación al que forma la horizontal con la visual que se halla por encima de la horizontal y en el mismo plano vertical.

Se llama ángulo de depresión al que forma la horizontal con la visual, el cual se halla por debajo de la horizontal y en el mismo plano vertical.

En la figura, la persona A observa a la persona B con un ángulo de depresión, mientras que la persona B observa a la persona A con un ángulo de elevación.

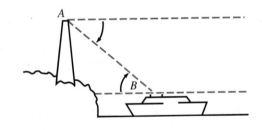

TEOREMA DE PITÁGORAS

En todo triángulo rectángulo el cuadrado de la hipotenusa es igual a la suma de los cuadrados de los catetos.

Hipótesis:

ABC es un triángulo rectángulo con $\sphericalangle C = 90°$

Trazo auxiliar: $CD \perp AB$.

Tesis:

$c^2 = a^2 + b^2$

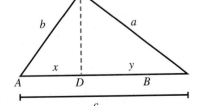

Plan: Al trazar por *C* el segmento *CD* perpendicular a *AB*, los triángulos que se forman son semejantes al triángulo dado y semejantes entre sí:

RAZONAMIENTO:

Afirmación	Razón
1. $CD \perp AB$	1. Por construcción.
2. $c : a = a : y$, $c : b = b : x$	2. Si del vértice del ángulo recto de un triángulo rectángulo se traza una perpendicular a la hipotenusa, se determinan en ésta dos segmentos, y cada cateto es media proporcional entre la hipotenusa y el segmento adyacente al cateto.
3. $c\ y = a^2$, $c\ x = b^2$	3. Propiedad fundamental de las proporciones.
4. $c\ y + c\ x = a^2 + b^2$	4. Sumando miembro a miembro las igualdades de (3).
5. $c\ (y + x) = a^2 + b^2$	5. Factorizando.
6. $x + y = c$	6. Por construcción.
7. $c^2 = a^2 + b^2$	7. Sustituyendo (6) en (5).

Ejemplos:

Aplicación del teorema de Pitágoras.

Dado el triángulo rectángulo *ABC*, hallar la medida del lado cuyo valor se desconoce.

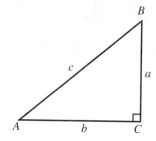

1. $a = 5, b = 12, c = $?

2. $a = 8, c = 17, b = $?

3. $b = 8, c = 10, a = $?

Solución:

1.
$$a^2 + b^2 = c^2$$
$$5^2 + 12^2 = c^2$$
$$\sqrt{5^2 + 12^2} = c$$
$$\sqrt{25 + 144} = c$$
$$\sqrt{169} = c$$
$$13 = c$$

2.
$$a^2 + b^2 = c^2$$
$$8^2 + b^2 = 17^2$$
$$b = 17^2 - 8^2$$
$$b = \sqrt{17^2 - 8^2}$$
$$b = \sqrt{289 - 64}$$
$$b = \sqrt{225}$$
$$b = 15$$

3.
$$a^2 + b^2 = c^2$$
$$a^2 + 8^2 = 10^2$$
$$a^2 = 10^2 - 8^2$$
$$a^2 = \sqrt{10^2 - 8^2}$$
$$a = \sqrt{100 - 64}$$
$$a = \sqrt{36}$$
$$a = 6$$

4. Con base en los datos de la figura, calcular los valores de x y z.

Solución:

En el $\triangle ABC$

$$(9+ x)^2 + 8^2 = 17^2$$
$$81 + 18x + x^2 + 64 = 289$$
$$x^2 + 18x - 144 = 0$$
$$(x + 24)(x - 6) = 0$$
$$x_1 = -24$$
$$x_2 = 6$$

En el $\triangle BCD$

$$x^2 + 8^2 = z^2$$
$$6^2 + 8^2 = z^2$$
$$36 + 64 = z^2$$
$$100 = z^2$$
$$\sqrt{100} = z$$
$$10 = z$$

Se rechaza el valor de $x = -24$ pues x representa la medida de un segmento.

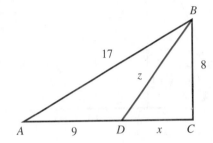

Ejercicios

Geomètricos

23

1. En un triángulo rectángulo cuyos catetos son a y b, hallar la hipotenusa c cuando:

a) $a = 5$ $b = 12$ b) $a = 15$ $b = 20$
c) $a = 8$ $b = 15$ d) $a = 9$ $b = 4$
e) $a = 15$ $b = 36$ f) $a = 7$ $b = 7$
g) $a = 4$ $b = 5$ h) $a = \sqrt{5}$ $b = \sqrt{8}$
i) $a = 2\sqrt{2}$ $b = 2\sqrt{2}$ j) $a = 5$ $b = 5\sqrt{3}$

2. En un triángulo rectángulo cuya hipotenusa es c hallar el cateto desconocido cuando:

a) $a = 8$ $c = 10$ b) $a = 12$ $c = 20$
c) $b = 10$ $c = 26$ d) $a = 21$ $c = 29$
e) $a = 20$ $c = 25$ f) $b = 12$ $c = 13$
g) $b = 15$ $c = 17$ h) $a = 2$ $c = 4$
i) $b = 6$ $c = 8$ j) $a = 5$ $c = 5\sqrt{2}$

3. Hallar la altura de un triángulo isósceles si sus lados iguales miden 10 unidades y su base es:

a) 12   b) 16
c) 18   d) 10

FUNCIONES TRIGONOMÉTRICAS DE LA SUMA Y DIFERENCIA DE ÁNGULOS

Son relaciones que dan el valor de las funciones trigonométricas de un ángulo igual a la suma de dos o más ángulos y también de un ángulo igual a la diferencia de otros dos. Dichas funciones se expresan con relación a las de los ángulos dados.

Veamos cómo se expresa el seno y el coseno de la suma de dos ángulos $(a + b)$, en función de seno y coseno de a y b.

Primer caso: La suma es menor que 90°.

Sean dos ángulos $AOB = a$ y $BOC = b$ en el círculo trigonométrico de centro en O y radio $r = 1$.

Se trazan $CF \perp OA$ y $CD \perp OB$, $DE \perp OA$ y $DG \perp CF$.

El ángulo $DCG = a$, por tener sus lados respectivamente perpendiculares a OA y a OB.

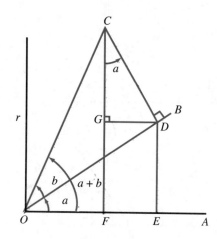

$$OC = r = 1; CD = \operatorname{sen} b, OD = \cos b$$
$$\operatorname{sen}(a + b) = CF = DE + CG$$

En el triángulo EOD:

$$\frac{DE}{OD} = \operatorname{sen} a$$

de donde:

$$DE = \operatorname{sen} a \times OD = \operatorname{sen} a \ \cos b$$

En el triángulo GCD:

$$\frac{CG}{CD} = \cos a$$

de donde:

$$CG = \cos a \times CD = \cos a \ \operatorname{sen} b$$

Por tanto:

$$CF = \operatorname{sen}(a + b) = \operatorname{sen} a \ \cos b + \cos a \ \operatorname{sen} b$$
$$\cos(a + b) = OF = OE - DG$$

En el triángulo EOD:

$$\frac{OE}{OD} = \cos a$$

de donde:

$$OE = \cos a \times OD = \cos a \ \cos b$$

En el triángulo DCG:

$$\frac{DG}{CD} = \operatorname{sen} a$$

de donde:

$$DG = \text{sen } a \times CD = \text{sen } a \ \text{sen } b$$

Por tanto:

$$OF = \cos (a + b) = \cos a \ \cos b - \text{sen } a \ \text{sen } b$$

Segundo caso: la suma es mayor que 90°.

Sean dos ángulos $AOB = a$ y $BOC = b$ en el círculo trigonométrico de centro en O y radio $r = 1$.

Se trazan $CF \perp OA$ y $CD \perp OB$, $DE \perp OA$ y $DG \perp CF$. El ángulo $DCG = a$.

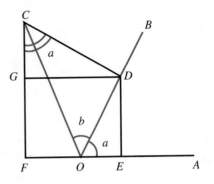

$$OC = r = 1, \ CD = \text{sen } b, \ OD = \cos b$$
$$\text{sen } (a + b) = CF = DE + CG$$

En el triángulo EOD:

$$\frac{DE}{OD} = \text{sen } a$$

de donde:

$$DE = \text{sen } a \times OD = \text{sen } a \ \cos b$$

En el triángulo DCG:

$$\frac{CG}{CD} = \cos a$$

de donde:

$$CG = \cos a \times CD = \cos a \ \text{sen } b$$

Por tanto:

$$CF = \text{sen } (a + b) = \text{sen } a \ \cos b + \cos a \ \text{sen } b$$
$$\cos (a + b) = OF = OE - DG$$

En el triángulo EOD:

$$\frac{OE}{OD} = \cos a$$

de donde:

$$OE = \cos a \times OD = \cos a \ \cos b$$

En el triángulo DCG:

$$\frac{DG}{CD} = \text{sen } a$$

de donde:

$$DG = \text{sen } a \times CD = \text{sen } a \ \text{sen } b$$

Por tanto:

$$OF = \cos (a + b) = \cos a \cos b - \text{sen } a \ \text{sen } b$$

Si $DG > OE$ entonces el coseno será negativo.

Para deducir el seno y coseno de la diferencia se toma el segundo ángulo como ángulo negativo, de manera que:

$$\text{sen } (a - b) = \text{sen } [a + (-b)]$$

por lo que:

$$\text{sen } (a - b) = \text{sen } a \, \cos (-b) + \cos a \, \text{sen } (-b)$$

y como:

$$\cos (-b) = \cos b \text{ y sen } (-b) = - \text{sen } b$$

entonces:

$$\text{sen } (a - b) = \text{sen } a \, \cos b - \cos a \, \text{sen } b$$
$$\cos (a - b) = \cos [a + (-b)]$$

o sea que:

$$\cos (a - b) = \cos a \, \cos (-b) - \text{sen } a \, \text{sen } (-b)$$

Sustituyendo $\cos (-b) = \cos b$ y sen $(-b) = -$ sen b resulta:

$$\cos (a - b) = \cos a \, \cos b + \text{sen } a \, \text{sen } b$$

Para deducir la función tangente de la suma se tiene que:

$$\tan (a + b) =$$

Sustituyendo el seno y coseno de la suma por su respectivo valor nos queda:

$$\tan (a + b) = \frac{\text{sen } a \cos b + \cos a \, \text{sen } b}{\cos a \cos b - \text{sen } a \, \text{sen } b}$$

Dividiendo el numerador y el denominador entre $\cos a \, \cos b$ resulta:

$$\tan (a + b) = \frac{\dfrac{\text{sen } a \cos b}{\cos a \cos b} + \dfrac{\cos a \, \text{sen } b}{\cos a \cos b}}{\dfrac{\cos a \cos b}{\cos a \cos b} - \dfrac{\text{sen } a \, \text{sen } b}{\cos a \cos b}}$$

simplificando:

$$\tan (a + b) = \frac{\tan a + \tan b}{1 - \tan a \tan b}$$

Procediendo en forma semejante para la tangente de la diferencia, a partir de:

$$\tan (a - b) = \frac{\text{sen } (a - b)}{\cos (a - b)}$$

se obtiene:

$$\tan (a - b) = \frac{\tan a - \tan b}{1 + \tan a \tan b}$$

mplos:

Calcular los valores de las funciones seno, coseno y tangente de 75°.

Solución:

Se descompone el ángulo de 75° en 45° + 30° con lo cual:

$$\text{sen } 75° = \text{sen } (45° + 30°) = \text{sen } 45° \cos 30° + \cos 45° \text{ sen } 30°$$

$$= \frac{\sqrt{2}}{2} \cdot \frac{\sqrt{3}}{2} \cdot \frac{\sqrt{2}}{2} \cdot \frac{1}{2}$$

$$= \frac{\sqrt{2}\sqrt{3}}{4} + \frac{\sqrt{2}}{4}$$

$$= \frac{\sqrt{2}\,(\sqrt{3}+1)}{4}$$

$$\cos 75° = \cos (45° + 30°) = \cos 45° \cos 30° - \text{sen } 45° \text{ sen } 30°$$

$$= \frac{\sqrt{2}}{2} \cdot \frac{\sqrt{3}}{2} \cdot \frac{\sqrt{2}}{2} \cdot \frac{1}{2}$$

$$= \frac{\sqrt{2}\sqrt{3}}{4} - \frac{\sqrt{2}}{4}$$

$$= \frac{\sqrt{2}\,(\sqrt{3}-1)}{4}$$

$$\tan 75° = \tan (45° + 30°) = \frac{\tan 45° + \tan 30°}{1 - \tan 45° \tan 30°}$$

$$= \frac{1 + \dfrac{\sqrt{3}}{3}}{1 - 1\left(\dfrac{\sqrt{3}}{3}\right)}$$

$$= \frac{\dfrac{3+\sqrt{3}}{3}}{\dfrac{3-\sqrt{3}}{3}} = \frac{3+\sqrt{3}}{3-\sqrt{3}}$$

$$= \frac{3+\sqrt{3}}{3-\sqrt{3}} \cdot \frac{3+\sqrt{3}}{3+\sqrt{3}}$$

$$= \frac{9 + 6\sqrt{3} + 3}{9 - 3} = \frac{12 + 6\sqrt{3}}{6}$$

$$= \frac{6\,(2+\sqrt{3})}{6}$$

$$= 2 + \sqrt{3}$$

2. Calcular los valores de las funciones seno, coseno y tangente de 15°.

Solución:

Expresar 15° = 45° − 30° para obtener:

$$\text{sen } 15° = \text{sen } (45° - 30°) = \text{sen } 45° \cos 30° - \cos 45° \text{ sen } 30°$$

$$= \frac{\sqrt{2}}{2} \cdot \frac{\sqrt{3}}{2} \cdot \frac{\sqrt{2}}{2} \cdot \frac{1}{2}$$

$$= \frac{\sqrt{2}\,\sqrt{3}}{4} - \frac{\sqrt{2}}{4}$$

$$= \frac{\sqrt{2}\,(\sqrt{3} - 1)}{4}$$

$$\cos 15° = \cos (45° - 30°) = \cos 45° \cos 30° + \text{sen } 45° \text{ sen } 30°$$

$$= \frac{\sqrt{2}}{2} \cdot \frac{\sqrt{3}}{2} \cdot \frac{\sqrt{2}}{2} \cdot \frac{1}{2}$$

$$= \frac{\sqrt{2}\,\sqrt{3}}{4} + \frac{\sqrt{2}}{4}$$

$$= \frac{\sqrt{2}\,(\sqrt{3} + 1)}{4}$$

$$\tan 15° = \tan (45° - 30°) = \frac{\tan 45° - \tan 30°}{1 + \tan 45° \tan 30°}$$

$$= \frac{1 - \dfrac{\sqrt{3}}{3}}{1 + 1\left(\dfrac{\sqrt{3}}{3}\right)}$$

$$= \frac{\dfrac{3 - \sqrt{3}}{3}}{\dfrac{3 + \sqrt{3}}{3}} = \frac{3 - \sqrt{3}}{3 + \sqrt{3}}$$

$$= \frac{3 - \sqrt{3}}{3 + \sqrt{3}} \cdot \frac{3 - \sqrt{3}}{3 - \sqrt{3}}$$

$$= \frac{9 - 6\sqrt{3 + 3}}{9 - 3} = \frac{12 - 6\sqrt{3}}{6}$$

$$= \frac{6\,(2 - \sqrt{3})}{6}$$

$$= 2 - \sqrt{3}$$

Calcular los valores de las funciones seno, coseno y tangente de:

1. 15° usando las funciones de 60° y 45°

2. 105° usando las funciones de 60° y 45°

3. 120° usando las funciones de 180° y 60°

4. 135° usando las funciones de 180° y 45°

5. 150° usando las funciones de 180° y 30°

6. 210° usando las funciones de 180° y 30°

7. 225° usando las funciones de 180° y 45°

FUNCIONES TRIGONOMÉTRICAS DEL ÁNGULO DUPLO Y DEL ÁNGULO MITAD

Las funciones trigonométricas del ángulo duplo se deducen a partir de sen $(a + b)$, cos $(a + b)$ y tan $(a + b)$ cuando se hace $b = a$ para obtener:

$$\text{sen } 2a = \text{sen } (a + a) = \text{sen } a \ \cos a + \cos a \ \text{sen } a$$
$$= 2 \text{ sen } a \ \cos a$$

$$\cos 2a = \cos (a + a) = \cos a \ \cos a - \text{sen } a \ \text{sen } a$$
$$= \cos^2 a - \text{sen}^2 a$$

Usando la relación: $\text{sen}^2 a + \cos^2 a = 1$

de donde

$\text{sen}^2 a = 1 - \cos^2 a$ y $\cos^2 a = 1 - \text{sen}^2 a$,

se tiene que:

$$\cos^2 a = \cos^2 a - \text{sen}^2 a$$
$$= (1 - \text{sen}^2 a) - \text{sen}^2 a$$
$$= 1 - 2 \text{ sen}^2 a$$

o bien:

$$\cos^2 a = \cos^2 a - \text{sen}^2 a$$
$$= \cos^2 a - (1 - \cos^2 a)$$
$$= 2 \cos^2 a - 1$$

$$\tan^2 a = \tan (a + a) = \frac{\tan a + \tan a}{1 - \tan a \tan a}$$

$$= \frac{2 \tan a}{1 - \tan^2 a}$$

Ejemplos:

1. Dado sen $a = \dfrac{3}{5}$ con a en el cuadrante I, hallar los valores de:

a) sen $2a$

b) cos $2a$

c) tan $2a$

Solución:

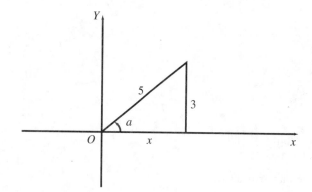

Como a está en el primer cuadrante, sen $a = \dfrac{3}{5} = \dfrac{y}{r}$

Aplicando el teorema de Pitágoras:

$$x^2 + 3^2 = 5^2$$

de donde:

$$x^2 = 5^2 - 3^2$$

o bien:

$$x = \pm\sqrt{5^2 - 3^2}$$

es decir:

$$x = \pm\sqrt{25 - 9}$$

o sea:

$$x = \pm\sqrt{16}$$

por lo que:

$$x = \pm 4$$

y como el lado terminal del ángulo está en el primer cuadrante entonces $x =$ 4, en consecuencia:

$$\cos a = \frac{4}{5} \qquad\qquad \tan a = \frac{3}{4}$$

por tanto:

a) sen $2a$ $= 2$ sen a cos a

$$= 2\left(\frac{3}{5}\right)\left(\frac{4}{5}\right)$$

$$= \frac{24}{25}$$

b) $\cos 2a \quad = 2a \cos 2a - 1$

$$= 2\left(\frac{4}{5}\right)^2 - 1$$

$$= 2\left(\frac{16}{25}\right) - 1$$

$$= \frac{32}{25} - 1$$

$$= \frac{32 - 25}{25}$$

$$= \frac{7}{25}$$

c) $\tan 2a \quad = \dfrac{2 \tan a}{1 - \tan^2 a}$

$$= \frac{2\left(\dfrac{3}{4}\right)}{1 - \left(\dfrac{3}{4}\right)^2}$$

$$= \frac{\dfrac{3}{2}}{1 - \dfrac{9}{16}}$$

$$= \frac{\dfrac{3}{2}}{\dfrac{16 - 9}{16}}$$

$$= \frac{\dfrac{3}{2}}{\dfrac{7}{16}}$$

$$= \frac{48}{14}$$

$$= \frac{24}{7}$$

$\tan 2a$ también se puede obtener así:

$$\tan 2a \quad = \frac{\operatorname{sen} 2a}{\cos 2a}$$

$$= \frac{\dfrac{24}{25}}{\dfrac{7}{25}}$$

$$= \frac{24}{7}$$

Las funciones trigonométricas de la mitad del ángulo se pueden deducir así:

Si en la expresión $\cos 2a = 1 - 2 \operatorname{sen}^2 a$ se toma $x = 2a$, entonces $\frac{x}{2} = a$,

por lo que:

$$\cos 2\left(\frac{x}{2}\right) = 1 - 2\operatorname{sen}^2\left(\frac{x}{2}\right)$$

de donde:

$$\cos x = 1 - 2\operatorname{sen}^2\left(\frac{x}{2}\right)$$

o bien:

$$2 \operatorname{sen}^2 \left(\frac{x}{2} \right) = 1 - \cos x$$

o sea:

$$\operatorname{sen}^2 \left(\frac{x}{2} \right) = \frac{1 - \cos x}{2}$$

es decir:

$$\operatorname{sen} \frac{x}{2} = \pm \sqrt{\frac{1 - \cos x}{2}}$$

Si en la expresión $\cos 2a = 2 \cos^2 a - 1$ se toma $x = 2a$, entonces $\frac{x}{2} =$ es decir,

$$\cos 2 \left(\frac{x}{2} \right) = 2 \cos^2 \left(\frac{x}{2} \right) - 1$$

o sea:

$$\cos x = 2 \cos^2 \left(\frac{x}{2} \right) - 1$$

por lo que:

$$1 + \cos x = 2 \cos^2 \left(\frac{x}{2} \right)$$

o bien:

$$2 \cos^2 \left(\frac{x}{2} \right) = 1 + \cos x$$

$$\cos^2 \left(\frac{x}{2} \right) = \frac{1 + \cos x}{2}$$

de donde:

$$\cos \left(\frac{x}{2} \right) = \pm \sqrt{\frac{1 + \cos x}{2}}$$

Para $\tan \left(\frac{x}{2} \right)$ se tiene que:

$$\tan \left(\frac{x}{2} \right) = \frac{\operatorname{sen} \left(\frac{x}{2} \right)}{\cos \left(\frac{x}{2} \right)}$$

es decir:

$$= \frac{\pm \sqrt{\dfrac{1 - \cos x}{2}}}{\pm \sqrt{\dfrac{1 + \cos x}{2}}}$$

bien:

$$= \pm \sqrt{\dfrac{\dfrac{1 - \cos x}{2}}{\dfrac{1 + \cos x}{2}}}$$

r tanto:

$$= \pm \sqrt{\dfrac{1 - \cos x}{1 + \cos x}}$$

En el cálculo de estos valores se toma el signo que corresponde al cuadrante el que se encuentra el ángulo $\dfrac{a}{2}$.

emplos:

Dado $\cos a = -\dfrac{7}{24}$ con a en el cuadrante II, hallar los valores de:

a) $\operatorname{sen} \dfrac{1}{2} a$ b) $\cos \dfrac{1}{2} a$ c) $\tan \dfrac{1}{2} a$

Solución:

Como a está en el segundo cuadrante, $\cos a = \dfrac{-7}{25} = \dfrac{x}{r}$.

Aplicando el teorema de Pitágoras:

$$(-7)^2 + y^2 = 25^2$$

de donde:

$$y^2 = 25^2 - (-7)^2$$

o sea:

$$y = \pm \sqrt{25^2 - (-7)^2}$$

es decir:

$$y = \pm \sqrt{625 - 49}$$

o bien:

$$y = \pm \sqrt{576}$$

por tanto:

$$y = \pm 24$$

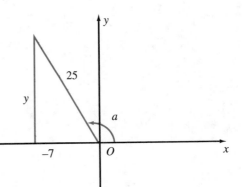

como el lado terminal del ángulo está en el segundo cuadrante entonces $y =$ 4, $\dfrac{a}{2}$ está en el primer cuadrante, por lo que:

$$\operatorname{sen} a = \dfrac{24}{25}$$

a) $\operatorname{sen} \dfrac{1}{2} a \qquad = \sqrt{\dfrac{1 - \cos a}{2}}$
$\qquad\qquad\qquad\qquad = \sqrt{\dfrac{1 - \left(-\dfrac{7}{25}\right)}{2}}$
$\qquad\qquad\qquad\qquad = \sqrt{\dfrac{1 + \dfrac{7}{25}}{2}}$
$\qquad\qquad\qquad\qquad = \sqrt{\dfrac{\dfrac{32}{25}}{2}}$
$\qquad\qquad\qquad\qquad = \sqrt{\dfrac{32}{50}}$
$\qquad\qquad\qquad\qquad = \sqrt{\dfrac{16}{25}}$
$\qquad\qquad\qquad\qquad = \dfrac{4}{5}$

b) $\cos \dfrac{1}{2} a \qquad = \sqrt{\dfrac{1 + \cos a}{2}}$
$\qquad\qquad\qquad\qquad = \sqrt{\dfrac{1 + \left(-\dfrac{7}{25}\right)}{2}}$
$\qquad\qquad\qquad\qquad = \sqrt{\dfrac{\dfrac{18}{25}}{2}}$
$\qquad\qquad\qquad\qquad = \sqrt{\dfrac{18}{50}}$
$\qquad\qquad\qquad\qquad = \sqrt{\dfrac{9}{25}}$
$\qquad\qquad\qquad\qquad = \dfrac{3}{5}$

c) $\tan \dfrac{1}{2} a \qquad = \sqrt{\dfrac{1 - \cos a}{1 + \cos a}}$
$\qquad\qquad\qquad\qquad = \sqrt{\dfrac{1 - \left(-\dfrac{7}{25}\right)}{1 + \left(-\dfrac{7}{25}\right)}}$
$\qquad\qquad\qquad\qquad = \sqrt{\dfrac{\dfrac{32}{25}}{\dfrac{18}{25}}}$
$\qquad\qquad\qquad\qquad = \sqrt{\dfrac{32}{18}}$
$\qquad\qquad\qquad\qquad = \sqrt{\dfrac{16}{9}}$
$\qquad\qquad\qquad\qquad = \dfrac{4}{3}$

$\tan \dfrac{1}{2} a$ también se puede obtener así:

$$\tan \dfrac{1}{2} a = \dfrac{\operatorname{sen} \dfrac{1}{2} a}{\cos \dfrac{1}{2} a}$$

$$= \dfrac{\dfrac{4}{5}}{\dfrac{3}{5}}$$

$$= \dfrac{4}{3}$$

Calcular sen $2a$, cos $2a$, tan $2a$, dado:

1. sen $a = \dfrac{5}{13}$, a en el cuadrante II.

2. sen $a = \dfrac{20}{29}$, a en el cuadrante II.

3. cos $a = -\dfrac{4}{5}$, a en el cuadrante IV.

4. sen $a = \dfrac{15}{17}$, a en el cuadrante II.

5. tan $a = -\dfrac{12}{5}$, a en el cuadrante IV.

Calcular sen $\dfrac{1}{2}a$, cos $\dfrac{1}{2}a$, tan $\dfrac{1}{2}a$ dado:

6. cos $a = \dfrac{15}{17}$, a en el cuadrante IV.

7. cos $a = -\dfrac{3}{5}$, a en el cuadrante III.

8. cos $a = \dfrac{8}{17}$, a en el cuadrante IV.

9. cos $a = -\dfrac{9}{41}$, a en el cuadrante III.

10. tan $a = \dfrac{9}{40}$, a en el cuadrante III.

Conversión en producto de sen x + sen y; sen x − sen y.

Sea $x = a + b$, $y = a - b$,

sumando las igualdades se obtiene:

$$x + y = 2a$$

de donde:

$$\frac{x + y}{2} = a$$

restando las igualdades se obtiene:

$$x - y = 2b$$

de donde:

$$\frac{x - y}{2} = b$$

como:

$$\text{sen } x = \text{sen } (a + b) \quad = \text{sen } a \, \cos b + \cos a \, \text{sen } b \quad ...(1)$$

$$\text{sen } y = \text{sen } (a - b) \quad = \text{sen } a \, \cos b - \cos a \, \text{sen } b \quad ...(2)$$

al sumar las igualdades (1) y (2) resulta:

$$\text{sen } x + \text{sen } y = 2 \, \text{sen } a \, \cos b \qquad ...(3)$$

si se restan las igualdades (1) y (2) entonces:

$$\text{sen } x - \text{sen } y = 2 \cos a \, \text{sen } b \qquad ...(4)$$

al sustituir a y b por sus respectivos valores en (3) y (4) nos queda:

$$\text{sen } x + \text{sen } y = 2 \, \text{sen } \frac{x + y}{2} \cos \frac{x - y}{2}$$

y

$$\text{sen } x - \text{sen } y = 2 \cos \frac{x + y}{2} \, \text{sen } \frac{x - y}{2}$$

Conversión en producto de $\cos x + \cos y$; $\cos x - \cos y$.

De manera similar a la transformación en producto de la suma y diferencia de senos se puede proceder a obtener:

$$\cos x + \cos y \quad = 2 \cos \frac{x + y}{2} \, \text{sen } \frac{x - y}{2}$$

y

$$\cos x - \cos y \quad = -2 \, \text{sen } \frac{x + y}{2} \, \text{sen } \frac{x - y}{2}$$

cuya demostración se deja como ejercicio al lector.

Ejemplos:

1. Expresar como producto:

   a) sen 70° + sen 20°

   b) cos 65° − cos 15°

Solución:

a) Utilizando la fórmula de conversión de la suma en producto el resultado
   es:

$$\text{sen } 70° + \text{sen } 20° = 2 \text{ sen}\left(\frac{70° + 20°}{2}\right) \cos\left(\frac{70° - 20°}{2}\right)$$

$$= 2 \text{ sen } \frac{90°}{2} \cos \frac{50°}{2}$$

$$= 2 \text{ sen } 45° \cos 25°$$

b) Usando la fórmula de conversión de la diferencia en producto se obtiene:

$$\cos 65° - \cos 15° = -2 \text{ sen}\left(\frac{65° + 15°}{2}\right) \text{sen}\left(\frac{65° - 15°}{2}\right)$$

$$= -2 \text{ sen } \frac{80°}{2} \text{ sen } \frac{50°}{2}$$

$$= -2 \text{ sen } 40° \text{ sen } 25°$$

Demostrar que en $34° + \text{sen } 26° = \cos 4°$

Solución:

Usando la fórmula de conversión de suma en producto se tiene que

$$\text{sen } 34° + \text{sen } 26° = 2 \text{ sen}\left(\frac{34° + 26°}{2}\right) \cos\left(\frac{34° - 26°}{2}\right)$$

o sea que:

$$\text{sen } 34° + \text{sen } 26° = \cos 4°$$

se puede expresar como

$$2 \text{ sen}\left(\frac{34° + 26°}{2}\right) \cos\left(\frac{34° - 26°}{2}\right) = \cos 4°$$

es decir

$$2 \text{ sen}\left(\frac{60°}{2}\right) \cos\left(\frac{8°}{2}\right) = \cos 4°$$

o bien

$$2 \operatorname{sen} 30° \cos 4° = \cos 4°$$

como

$$\operatorname{sen} 30° = \frac{1}{2},$$

entonces

$$2 \left(\frac{1}{2} \right) \cos 4° = \cos 4°$$

por tanto

$$\cos 4° = \cos 4°$$

Ejercicios

Geométricos

26

Expresar como producto:

1. sen 60° + sen 30°

2. sen 50° + sen 10°

3. sen 50° − sen 40°

4. sen 70° − sen 20°

5. cos 40° + cos 30°

6. cos 50° + cos 40°

7. cos 80° − cos 20°

8. cos 80° − cos 70°

9. cos 50° − cos 70°

Demostrar que:

10. cos 5° − sen 35° = sen 25°

11. sen 50° − 3 sen 20° = sen 10°

12. sen 40° − 3 sen 10° + cos 70° = 0

13. cos 80° + cos 40° − cos 20° = 0

14. sen 40° + sen 20° = cos 10°

SOLUCIÓN DE TRIÁNGULOS OBLICUÁNGULOS

En un triángulo oblicuángulo se tienen seis elementos fundamentales: los tres lados y los tres ángulos. De tal manera que puede haber tres ángulos agudos o un ángulo obtuso y dos agudos, si sólo se conocen dos ángulos, el tercero se puede obtener restándole a 180° la suma de los dos primeros.

El triángulo oblicuángulo se puede resolver si se conocen tres elementos, no los ángulos, excepción hecha con base en el caso ambiguo.
En general se presentan cuatro casos:

Cuando se conocen un lado y dos ángulos.
Cuando se conocen dos lados y el ángulo opuesto a uno de ellos.
Cuando se conocen dos lados y el ángulo comprendido entre ellos.
Cuando se conocen los tres lados.

De modo que la resolución de estos cuatro casos se hace con la aplicación de ley de los senos, de los cosenos o de ambas.

Ley de los senos. En todo triángulo los lados son proporcionales a los senos de los ángulos opuestos; es decir:

$$\frac{a}{\operatorname{sen} A} = \frac{b}{\operatorname{sen} B} = \frac{c}{\operatorname{sen} C}$$

Ley de los cosenos. En todo triángulo, el cuadrado de un lado cualquiera es igual a la suma de los cuadrados de los otros dos menos el doble producto de estos lados por el coseno del ángulo comprendido; es decir:

$$a^2 = b^2 + c^2 - 2bc \, \cos A$$

$$b^2 = a^2 + c^2 - 2ac \, \cos B$$

$$c^2 = a^2 + b^2 - 2ab \, \cos C$$

LEY DE LOS SENOS

Sea ABC un triángulo oblicuángulo cualquiera. Trácese CD perpendicular a AB o a su prolongación. Sea h la longitud de CD.
En la primera figura A y B son ángulos agudos, en la segunda B es un ángulo obtuso y en ambas figuras $AB = c$.

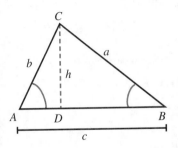
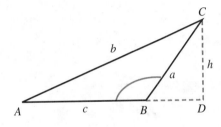

En cualquiera de las dos figuras, en el triángulo rectángulo ACD, $h = b \operatorname{sen} A$ y en el triángulo rectángulo BCD, $h = a \operatorname{sen} B$, ya que en la segunda figura $h = a \operatorname{sen} \angle ABC = a \operatorname{sen} (180° - B) = a \, \operatorname{sen} B$.

Por tanto:

$$a \operatorname{sen} B = b \operatorname{sen} A \text{ o } \frac{a}{\operatorname{sen} A} = \frac{b}{\operatorname{sen} B}$$

En forma similar si se traza una perpendicular desde B a AC o desde A a BC se puede obtener:

$$\frac{a}{\operatorname{sen} A} = \frac{c}{\operatorname{sen} C} \text{ o } \frac{b}{\operatorname{sen} B} = \frac{c}{\operatorname{sen} C}$$

y por tanto:

$$\frac{a}{\operatorname{sen} A} = \frac{b}{\operatorname{sen} B} = \frac{c}{\operatorname{sen} C}$$

LEY DE LOS COSENOS

Con referencia a las dos figuras anteriores, se tiene que en el triángulo rectángulo ACD de cualquiera de las dos figuras,

$$b^2 = h^2 + (AD)^2.$$

En la primera figura:
En el triángulo rectángulo BCD, $h = a \operatorname{sen} B$ y $DB = a \cos B$.
Por tanto

$$AD = AB - DB = c - a \cos B$$

y como consecuencia:

$$b^2 = h^2 + (AD)^2 = a^2 \operatorname{sen}^2 B + c^2 - 2ca \cos B + a^2 \cos^2 B$$
$$= a^2 (\operatorname{sen}^2 B + \cos^2 B) + c^2 - 2ca \cos B$$
$$= c^2 + a^2 - 2ca \cos B$$

En la segunda figura:
En el triángulo rectángulo BCD.

$$h = a \operatorname{sen} \angle CBD = a \operatorname{sen} (180° - B) = a \operatorname{sen} B$$
$$BD = a \cos \angle CBD = a \cos (180° - B) = - a \cos B$$

y por ello:

$$AD = AB + BD = c - a \cos B$$
$$b^2 = c^2 + a^2 - 2ca \cos B$$

Las otras dos relaciones se pueden obtener con un cambio cíclico de las letras.
Conociendo un lado y dos ángulos, resolver el triángulo oblicuángulo.

mplos:

Resolver el triángulo oblicuángulo ABC si $a = 22$ m.
$\sphericalangle A = 35°$, $\sphericalangle B = 65°$.

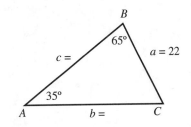

Datos

$a = 22$ m
$\sphericalangle A = 35°$

Incógnitas

$b =$
$c =$
$\sphericalangle C =$

$$\frac{a}{\text{sen } A} = \frac{b}{\text{sen } B}$$

$b \text{ sen } A = a \text{ sen } B$

$$b = \frac{a \text{ sen } B}{\text{sen } A}$$

$$b = \frac{22 \text{ sen } 65°}{\text{sen } 35°}$$

$$b = \frac{22 \, (0.9063).}{0.5736}$$

$b = 34.7$ m

$\sphericalangle C = 180° - (\sphericalangle A + \sphericalangle B)$

$$\frac{a}{\text{sen } A} = \frac{c}{\text{sen } C}$$

$c \text{ sen } A = a \text{ sen } C$

$$c = \frac{a \text{ sen } C}{\text{sen } A}$$

$$c = \frac{22 \text{ sen } 80°}{\text{sen } 35°}$$

$$c = \frac{22 \, (0.9848)}{0.5736}$$

$c = 37.7$ m

$= 180° - 100° = 80°$

Resolver el triángulo oblicuángulo ABC, si $c = 15$ m.
$\sphericalangle A = 110°10'$, $\sphericalangle B = 52°$.

Datos

$c = 15$ m
$\sphericalangle A = 110°10'$
$\sphericalangle B = 52°$

Incógnitas

$b =$
$a =$
$\sphericalangle C =$

$\sphericalangle C = 180° - (\sphericalangle A + \sphericalangle B)$
$= 180° - 162°10'$
$= 17°50'$

$$\frac{a}{\text{sen } A} = \frac{c}{\text{sen } C}$$

$$a = \frac{c \text{ sen } A}{\text{sen } C}$$

$$a = \frac{15 \text{ sen } 110° \, 10'}{\text{sen } 17° \, 50'}$$

$$a = \frac{15 \text{ sen } 69° \, 50'}{\text{sen } 17° \, 50'}$$

$$a = \frac{15(0.9387)}{0.3062}$$

$a = 45.98$ m

$$\frac{b}{\text{sen } B} = \frac{c}{\text{sen } C}$$

$$b = \frac{c \text{ sen } B}{\text{sen } C}$$

$$b = \frac{15 \text{ sen } 52°}{\text{sen } 17° \, 50'}$$

$$b = \frac{15(0.7880)}{0.3062}$$

$b = 38.60$ m

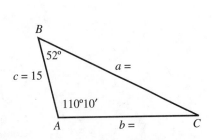

Conocidos dos lados y el ángulo opuesto a uno de ellos, resolver el triángulo oblicuángulo.

Este caso, conocido como caso ambiguo, presenta las siguientes variantes especiales. Con centro en C se traza un arco de radio igual a a.

1. Cuando el ángulo es agudo.

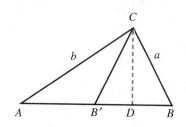

    a) Si $a < CD$ (altura), no se determina triángulo alguno.
    b) Si $a = CD$, se determina un triángulo rectángulo.
    c) Si $a < b$ y $a > CD$ se determinan dos triángulos ABC, y $AB'C$.
    d) Si $a = b$ se determina un triángulo isósceles.
    e) Si $a > b$, el punto B queda sobre la prolongación de AB y como el triángulo $AB'C$ no contiene el ángulo dado A, sólo se determina el triángulo ABC.

2. Cuando el ángulo es obtuso.

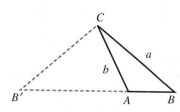

    a) Si $a < b$ o $a = b$ no se determina triángulo alguno.
    b) Si $a > b$, el punto B queda sobre la prolongación de AB y como el triángulo $AB'C$ no contiene el ángulo dado A, sólo se determina el triángulo ABC.

Conociendo dos lados y el ángulo comprendido, resolver el triángulo oblicuángulo.

Ejemplo:

Resolver el triángulo oblicuángulo ABC si $a = 125$ m, $b = 230$ m, $\angle C = 35°10'$

Datos	Incógnitas	
		$c^2 = a^2 + b^2 - 2\,ab \cos C$
		$c^2 = 125^2 + 230^2 - 2\,(125)\,(230) \cos 35°10'$
$a = 125$ m	$c =$	$c^2 = 15\,625 + 52\,900 - 57\,500\,(0.8175)$
$b = 230$ m	$\angle A =$	$c^2 = 68\,525 - 47\,006.25$
$\angle C = 35°10'$	$\angle B =$	$c = \sqrt{21\,518.75} = 146.69$ m

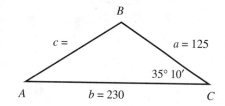

$$\frac{a}{\operatorname{sen} A} = \frac{c}{\operatorname{sen} C} \qquad\qquad \frac{b}{\operatorname{sen} B} = \frac{c}{\operatorname{sen} C}$$

$$\operatorname{sen} A = \frac{a \operatorname{sen} C}{c} \qquad\qquad \operatorname{sen} B = \frac{b \operatorname{sen} C}{c}$$

$$\operatorname{sen} A = \frac{125 \operatorname{sen} 35°10'}{146.69} \qquad \operatorname{sen} B = \frac{230 \operatorname{sen} 35°10'}{146.69}$$

$$\operatorname{sen} A = \frac{125\,(0.5760)}{146.69} \qquad \operatorname{sen} B = \frac{230\,(0.5760)}{146.69}$$

$$\operatorname{sen} A = 0.4908 \qquad\qquad \operatorname{sen} B = 0.9031$$

$$\angle A = 29°\,24' \qquad\qquad\quad \angle B = 115°\,26'$$

Conociendo los tres lados, resolver el triángulo oblicuángulo.

Ejemplo:

Resolver el triángulo oblicuángulo ABC si $a = 36$ m, $b = 48$ m y $c = 30$ m

Datos   **Incógnitas**

$a = 36$ $\sphericalangle\, A =$

$$\cos A = \frac{b^2 + c^2 - a^2}{2bc}$$

$b = 48$ $\sphericalangle\, B =$

$$= \frac{48^2 + 30^2 - 36^2}{2(48)(30)}$$

$c = 30$ $\sphericalangle\, C =$

$$= 0.6625$$

$$\sphericalangle\, A = 48°\ 30'$$

$$\cos C = \frac{a^2 + b^2 - c^2}{2ab}$$

$$\cos C = \frac{36^2 + 48^2 - 30^2}{2\,(36)\,(48)}$$

$$\cos C = 0.7812$$

$$\sphericalangle\, C = 38°\ 38'$$

$$\cos B = \frac{a^2 + c^2 - b^2}{2ac}$$

$$\cos B = \frac{36^2 + 30^2 - 48^2}{2\,(36)\,(30)}$$

$$\cos B = -0.0500$$

$$\sphericalangle\, B = 92°\ 52'$$

(Triángulo: B arriba; lado izquierdo $= 30$; $a = 36$; base $b = 48$; vértices A y C.)

Ejercicios

Geométricos

27

. Resolver los siguientes triángulos oblicuángulos:

a) $a = 15$, $B = 48°15'$, $C = 54°$
b) $a = 85$, $B = 65°20'$, $C = 50°10'$
c) $a = 364$, $A = 50°15'$, $B = 57°45'$
d) $a = 478$, $B = 77°36'$, $C = 45°$
e) $a = 128$, $A = 62°40'$, $C = 38°20'$
f) $a = 74$, $A = 63°42'$, $B = 34°52'$
g) $b = 82$, $B = 51°42'$, $C = 109°17'$
h) $b = 678$, $A = 36°10'$, $C = 44°35'$
i) $c = 246$, $B = 38°56'$, $C = 57°25'$
j) $c = 931$, $B = 40°57'$, $C = 129°29'$

2. Resolver los siguientes triángulos oblicuángulos:

a) $a = 525$, $b = 380$, $A = 58°20'$
b) $a = 25$, $b = 30$, $A = 50°10'$
c) $a = 740$, $b = 380$, $A = 58°20'$
d) $a = 14$, $c = 12$, $A = 35°30'$
e) $a = 551$, $c = 608$, $A = 60°12'$
f) $a = 85$, $b = 45$, $A = 110°20'$
g) $a = 10$, $b = 6$, $A = 20°10'$

h) $b = 15$, $c = 8$, $B = 39°15'$

i) $b = 825$, $c = 945$, $B = 25°$

j) $a = 18$, $c = 26$, $A = 40°40'$

3. Resolver los siguientes triángulos oblicuángulos:

a) $a = 78$, $b = 54$, $C = 42°20'$

b) $a = 67$, $b = 33$, $C = 36°$

c) $a = 886$, $b = 747$, $C = 71°54'$

d) $a = 455$, $b = 410$, $C = 62°19'$

e) $a = 969$, $b = 595$, $C = 134°$

f) $b = 129$, $c = 87$, $A = 27°14'$

g) $a = 124$, $b = 175$, $B = 83°26'$

h) $b = 46$, $c = 18$, $A = 115°42'$

i) $b = 45$, $c = 31$, $A = 55°19'$

j) $b = 28$, $c = 36$, $A = 125°$

4. Resolver los siguientes triángulos oblicuángulos:

a) $a = 25$, $b = 36$, $c = 44$

b) $a = 380$, $b = 400$, $c = 150$

c) $a = 120$, $b = 80$, $c = 100$

d) $a = 6.34$, $b = 7.30$, $c = 9.98$

e) $a = 12$, $b = 18$, $c = 20$

f) $a = 83$, $b = 54$, $c = 41$

g) $a = 85$, $b = 85$, $c = 90$

h) $a = 35$, $b = 40$, $c = 47$

i) $a = 5$, $b = 7$, $c = 9$

j) $a = 167$, $b = 321$, $c = 231$

5. Dos personas de frente y a 2500 m una de otra en el mismo nivel horizontal, observan un avión con ángulos de elevación de $50°10'$ y $65°40'$. Hallar la altura del avión.

6. Una montaña separa los puntos A y B. La distancia $AC = 320$ m, la distancia $CB = 250$ m y el ángulo $ACB = 60°45'$. Hallar la distancia AB.

7. Los tres lados que limitan un terreno miden 315 m, 480 m y 500 m. Calcular los ángulos que forman dichos lados.

8. Un terreno está limitado por tres calles que se cortan. Los lados del terreno miden 312 m, 472 m y 511 m. Hallar los ángulos formados por las calles al cortarse.

9. Tres circunferencias, cuyos radios respectivos miden 115, 150 y 225 cm, son tangentes exteriores entre sí. Encontrar los ángulos que se forman cuando se unen los centros de las circunferencias.

IDENTIDADES Y ECUACIONES TRIGONOMÉTRICAS

Antes de introducirnos al tema es conveniente establecer los conceptos de igualdad, ecuación e identidad, pues son necesarios para el entendimiento del mismo.

Igualdad. Es la relación que se establece entre dos cantidades que expresan mismo valor.

Así, $3 + 2 = 5$ y $x + 2x = 3x$.

Ecuación. Es una igualdad condicionada.

Así, $2x + 3 = 13$

donde x es igual a 5 y todos los demás valores de x hacen falsa la relación. La es la incógnita, es decir, representa un valor desconocido al cual se le llama variable. El valor 5 que hace válida la relación, recibe el nombre de raíz o solución. Una ecuación tiene tantas raíces o soluciones como su grado, la ecuación anterior es de primer grado y tiene solución única; una ecuación de segundo grado tiene dos soluciones; una de tercero, tres soluciones; y una de grado n tiene n soluciones. Al conjunto de valores que puede tomar la variable para satisfacer la relación, se le llama conjunto solución.

Ecuación idéntica o identidad. Es aquella que puede ser satisfecha por cualquier valor de x en el que la variable está definida.

Así: $\dfrac{2}{x-1} + \dfrac{x}{x-3} = \dfrac{x^2 + x - 6}{(x-1)(x-3)}$

es una identidad, pues puede ser satisfecha para cualquier valor de x excepto 1 3, ya que para estos valores ninguno de los dos miembros está definido.

IDENTIDAD TRIGONOMÉTRICA

Identidad trigonométrica es una relación que contiene funciones trigonométricas que es válida para todos los valores del ángulo en los que están definidas las funciones.

Identidades fundamentales

Relación inversa	Relación por cociente	Relación pitagórica
$\csc \theta = \dfrac{1}{\operatorname{sen} \theta}$	$\tan \theta = \dfrac{\operatorname{sen} \theta}{\cos \theta}$	$\operatorname{sen}^2 \theta + \cos^2 \theta = 1$
$\sec \theta = \dfrac{1}{\cos \theta}$	$\cot \theta = \dfrac{\cos \theta}{\operatorname{sen} \theta}$	$\tan^2 \theta + 1 = \sec^2 \theta$
$\cot \theta = \dfrac{1}{\tan \theta}$		$1 + \cot^2 \theta = \csc^2 \theta$

Estas identidades se demuestran directamente de las definiciones.

Ejemplos:

1. $\csc \theta = \dfrac{1}{\operatorname{sen} \theta}$

Por definición se tiene que:

$$\csc \theta = \frac{r}{y}; \operatorname{sen} \theta = \frac{y}{r}; \text{ entonces}$$

$$\csc \theta = \frac{r}{y} = \frac{1}{\frac{y}{r}} = \frac{1}{\operatorname{sen} \theta}$$

2. $\tan \theta = \dfrac{\operatorname{sen} \theta}{\cos \theta}$

Por definición se tiene que:

$$\operatorname{sen} \theta = \frac{y}{r}; \cos \theta = \frac{x}{r}$$

$$\tan \theta = \frac{y}{x}; \text{ entonces:}$$

$$\frac{\operatorname{sen} \theta}{\cos \theta} = \frac{\frac{y}{r}}{\frac{x}{r}} = \frac{y}{r} \bullet \frac{r}{x} = \frac{y}{x} = \tan \theta$$

3. $\operatorname{sen}^2 \theta + \cos^2 \theta = 1$

Por las definiciones se tiene que:

$$\operatorname{sen} \theta = \frac{y}{r}; \operatorname{sen}^2 \theta = \left(\frac{y}{r}\right)^2 = \frac{y^2}{r^2}$$

$$\cos \theta = \frac{x}{r}; \cos^2 \theta = \left(\frac{y}{r}\right)^2 = \frac{x^2}{r^2}$$

$\operatorname{sen}^2 \theta + \cos^2 \theta = 1$; entonces:

$$\frac{y^2}{r^2} + \frac{x^2}{r^2} = \frac{y^2 + x^2}{r^2} \text{ y como}$$

$$x^2 + y^2 = r^2 =$$

$$\frac{r^2}{r^2} = 1$$

VERIFICACIÓN DE IDENTIDADES

Para verificar una identidad trigonométrica se transforma uno de los miembros (generalmente el más complicado) en el otro.

La verificación de identidades requiere:

a) Recordar las identidades fundamentales y sus variaciones.
b) Habilidad en los procesos de multiplicación, factorización, suma de fracciones, etcétera.
c) Práctica.

Ejemplos:

1. Expresar $\tan \theta = \dfrac{\text{sen } \theta}{\cos \theta}$ en términos de sen θ.

Como

$$\text{sen}^2\, \theta + \cos^2 \theta = 1.$$

entonces

$$\cos^2 \theta = 1 - \text{sen}^2\, \theta$$

y

$$\cos \theta = \pm \sqrt{1 - \text{sen } \theta}$$

$$\tan \theta = \frac{\text{sen } \theta}{\cos \theta} = \frac{\text{sen } \theta}{\pm \sqrt{1 - \text{sen } \theta}}$$

2. Expresar $\dfrac{\text{sen } \theta}{\cos \theta} = \tan \theta$ en términos de $\tan \theta$.

Como

$$\sec^2 \theta = 1 + \tan^2 \theta,$$

entonces

$$\sec \theta = \pm\sqrt{1 + \tan^2 \theta}$$

y

$$\cos \theta = \frac{1}{\sec \theta} = \frac{1}{\pm \sqrt{1 + \tan^2 \theta}}$$

$$\frac{\text{sen } \theta}{\cos \theta} = \tan \theta, \text{ sen } \theta = \tan \theta \cos \theta;$$

entonces

$$\text{sen } \theta = \tan \theta \, \frac{1}{\sec \theta} = \frac{\tan \theta}{\sec \theta} = \frac{\tan \theta}{\pm \sqrt{1 + \tan^2 \theta}}$$

3. Efectuar las operaciones indicadas.

a) $(\text{sen } \theta + \cos \theta \,(\text{sen } \theta - \cos \theta) = \text{sen}^2\, \theta - \cos^2 \theta$

b) $(\text{sen } \theta - \cos \theta)^2 = \text{sen}^2\, \theta - 2 \text{ sen } \theta \cos \theta + \cos^2 \theta$

c) $1 - \dfrac{\text{sen } \theta}{\cos \theta} + \dfrac{2}{\cos^2 \theta} = \dfrac{\cos^2 \theta - \text{sen } \theta \cos \theta + 2}{\cos^2 \theta}$

4. Descomponer en factores.

a) $\text{sen}^2\, \theta - \text{sen}^2\, \theta \cos^2 \theta = \text{sen}^2\, \theta \,(1 - \cos^2 \theta)$

b) $\text{sen}^4\, \theta - \cos^4 \theta = (\text{sen}^2\, \theta + \cos^2 \theta)(\text{sen}^2 - \cos^2 \theta)$

$\qquad = (\text{sen}^2\, \theta + \cos^2 \theta) \,(\text{sen } \theta + \cos \theta)(\text{sen } \vartheta - \cos \theta)$

5. Simplificar las siguientes expresiones.

a) $\text{sen}^3\, \theta + \text{sen } \theta \cos^2 \theta \qquad\qquad = \text{sen } \theta \,(\text{sen}^2\, \theta + \cos^2 \theta)$

$$= \text{sen } \theta \ (1)$$
$$= \text{sen } \theta$$

b) $\sec \theta - \sec \theta \ \text{sen}^2 \ \theta$

$$= \sec \theta \ (1 - \text{sen}^2 \ \theta)$$
$$= \sec \theta \ \cos^2 \theta$$
$$= \frac{1}{\cos \theta} \cos^2 \theta$$
$$= \cos \theta$$

c) $\text{sen}^2 \ \theta \ \sec^2 \theta - \sec^2 \theta$

$$= (\text{sen}^2 \ \theta - 1) \ \sec^2 \theta$$
$$= - \cos^2 \theta \ \sec^2 \theta$$
$$= - \cos^2 \theta \bullet \frac{1}{\cos^2} \theta$$
$$= 1$$

d) $\tan \theta + \dfrac{\cos \theta}{1 + \text{sen } \theta}$

$$= \frac{\text{sen } \theta}{\cos \theta} + \frac{\cos \theta}{1 + \text{sen } \theta}$$

$$= \frac{\text{sen } \theta \ (1 + \text{sen } \theta) + \cos^2 \theta}{\cos \theta \ (1 + \text{sen } \theta)}$$

$$= \frac{\text{sen } \theta + \text{sen}^2 \ \theta + \cos^2 \theta}{\cos \theta (1 + \text{sen } \theta)}$$

$$= \frac{\text{sen } \theta + 1}{\cos \theta \ (1 + \text{sen } \theta)}$$

$$= \frac{1}{\cos \theta}$$

$$= \sec \theta$$

6. Verificar las siguientes identidades:

a)
$$\sec^2 \theta - \csc^2 \theta = \tan^2 \theta - \cot^2 \theta$$
$$\sec^2 \theta - \csc^2 \theta = \tan^2 \theta + 1 - (1 + \cot^2 \theta)$$
$$= \tan^2 \theta + 1 - 1 - \cot^2 \theta)$$
$$= \tan^2 \theta - \cot^2 \theta$$

b)
$$\text{sen}^4 \ \theta - \cos^4 \theta = 2 \ \text{sen}^2 \ \theta - 1$$
$$\text{sen}^4 \ \theta - \cos^4 \theta = (\text{sen}^2 \ \theta + \cos^2 \theta) \ (\text{sen}^2 \ \theta - \cos^2 \theta)$$
$$= (1) \ [\text{sen}^2 \ \theta - (1 - \text{sen}^2 \ \theta)]$$
$$= \text{sen}^2 \ \theta - 1 + \text{sen}^2 \ \theta$$
$$= 2 \ \text{sen}^2 \ \theta - 1$$

c)
$$\sec^2 \theta \ \csc^2 \theta = \sec^2 \theta + \csc^2 \theta$$

$$\sec^2 \theta + \csc^2 \theta = \frac{1}{\cos^2 \theta} + \frac{1}{\text{sen}^2 \ \theta} = \frac{\text{sen}^2 \ \theta + \cos^2 \theta}{\text{sen}^2 \ \theta + \cos^2 \theta}$$

$$= \frac{1}{\text{sen}^2 \ \theta \ \cos^2 \theta} = \frac{1}{\text{sen}^2 \ \theta} \bullet \frac{1}{\cos^2 \theta}$$
$$= \csc^2 \theta \ \sec^2 \theta$$

d)
$$\sec^4 \theta - \sec^2 \theta = \tan^4 \theta + \tan^2 \theta$$

$$\sec^4\theta - \sec^2\theta = \sec^2\theta\,(\sec^2\theta - 1)$$
$$= \sec^2\theta\,\tan^2\theta$$
$$= (1 + \tan^2\theta)\,\tan^2\theta$$
$$= \tan^2\theta + \tan^4\theta$$
$$\tan^4\theta + \tan^2\theta = \tan^2\theta\,(\tan^2\theta + 1) = \tan^2\theta\,\sec^2\theta$$
$$= (\sec^2\theta - 1)\,\sec^2\theta = \sec^4\theta - \sec^2\theta$$

e)
$$\frac{\cos\theta}{1 - \text{sen }\theta} = \frac{1 + \text{sen }\theta}{\cos\theta}$$

$$\frac{\cos\theta}{1-\text{sen }\theta} \cdot \frac{1+\text{sen }\theta}{(1+\text{sen }\theta)} = \frac{\cos\theta\,(1+\text{sen }\theta)}{(1-\text{sen }\theta)(1+\text{sen }\theta)}$$

$$= \frac{\cos\theta\,(1+\text{sen }\theta)}{1 - \text{sen}^2\theta}$$

$$= \frac{\cos\theta\,(1+\text{sen }\theta)}{\cos^2\theta}$$

$$= \frac{1+\text{sen }\theta}{\cos\theta}$$

f)
$$\frac{\cot\theta - \cos\theta}{\cos^3\theta} = \frac{\csc\theta}{1 + \text{sen }\theta}$$

$$\frac{\cot\theta - \cos\theta}{\cos^3\theta} = \frac{\left(\dfrac{\cos\theta}{\text{sen }\theta}\right) - \cos\theta}{\cos^3\theta} = \frac{\dfrac{\cos\theta - \text{sen }\theta\cos\theta}{\text{sen }\theta}}{\cos^3\theta}$$

$$= \frac{\cos\theta - \text{sen }\theta\cos\theta}{\text{sen }\theta\cos^3\theta} = \frac{\cos\theta\,(1-\text{sen }\theta)}{\text{sen }\theta\cos^3\theta}$$

$$= \frac{1-\text{sen }\theta}{\text{sen }\theta\cos^2\theta} = \frac{1-\text{sen }\theta}{\text{sen }\theta\,(1-\text{sen}^2\theta)}$$

$$= \frac{1-\text{sen }\theta}{\text{sen }\theta\,(1+\text{sen }\theta)(1-\text{sen }\theta)}$$

$$= \frac{1}{\text{sen }\theta\,(1+\text{sen }\theta)}$$

$$\frac{1}{\text{sen }\theta} \cdot \frac{1}{(1+\text{sen }\theta)}$$

$$= \csc\theta\,\frac{1}{1+\text{sen }\theta} = \frac{\csc\theta}{1+\text{sen }\theta}$$

g)
$$2\csc\theta = \frac{\text{sen }\theta}{1+\cos\theta} + \frac{1+\cos\theta}{\text{sen }\theta}$$

$$\frac{\text{sen }\theta}{1+\cos\theta} + \frac{1+\cos\theta}{\text{sen }\theta} = \frac{\text{sen}^2\theta + (1+\cos\theta)^2}{\text{sen }\theta\,(1+\cos\theta)}$$

$$= \frac{\operatorname{sen}^2 \theta + 1 + 2 \cos \theta + \cos^2 \theta}{\operatorname{sen} \theta \, (1 + \cos \theta)}$$

$$= \frac{2 + 2 \cos \theta}{\operatorname{sen} \theta \, (1 + \cos \theta)}$$

$$= \frac{2 \, (1 + \cos \theta)}{\operatorname{sen} \theta \, (1 + \cos \theta)} = \frac{2}{\operatorname{sen} \theta}$$

$$= 2 \, \frac{1}{\operatorname{sen} \theta} = 2 \csc \theta$$

h)
$$\frac{1 - \operatorname{sen} \theta}{\cos \theta} = \frac{\cos \theta}{1 + \operatorname{sen} \theta}$$

$$\frac{\cos \theta}{1 + \operatorname{sen} \theta} \bullet \frac{\cos \theta}{\cos \theta} = \frac{\cos^2 \theta}{\cos \theta \, (1 + \operatorname{sen} \theta)}$$

$$= \frac{1 - \operatorname{sen}^2 \theta}{\cos \theta \, (1 + \operatorname{sen} \theta)}$$

$$= \frac{(1 + \operatorname{sen} \theta) \, (1 - \operatorname{sen} \theta)}{\cos \theta \, (1 + \operatorname{sen} \theta)}$$

$$= \frac{1 - \operatorname{sen} \theta}{\cos \theta}$$

i)
$$\frac{\operatorname{sen} \theta - \cos \theta + 1}{\operatorname{sen} \theta + \cos \theta - 1} = \frac{\operatorname{sen} \theta + 1}{\cos \theta}$$

$$\frac{\operatorname{sen} \theta + 1}{\cos \theta} = \frac{(\operatorname{sen} \theta + 1)(\operatorname{sen} \theta + \cos \theta - 1)}{\cos \theta \, (\operatorname{sen} \theta + \cos \theta - 1)}$$

$$= \frac{\operatorname{sen}^2 \theta + \operatorname{sen} \theta \cos \theta + \cos \theta - 1}{\cos \theta \, (\operatorname{sen} \theta + \cos \theta - 1)}$$

$$= \frac{- \cos^2 \theta + \operatorname{sen} \theta \cos \theta + \cos \theta}{\cos \theta \, (\operatorname{sen} \theta + \cos \theta - 1)}$$

$$= \frac{\cos \theta \, (\operatorname{sen} \theta - \cos \theta + 1)}{\cos \theta \, (\operatorname{sen} \theta + \cos \theta - 1)}$$

$$= \frac{\operatorname{sen} \theta - \cos \theta + 1}{\operatorname{sen} \theta + \cos \theta - 1}$$

j)
$$- \frac{\tan \theta + \sec \theta - 1}{\tan \theta - \sec \theta + 1} = \tan \theta + \sec \theta$$

$$\frac{\tan \theta + \sec \theta - 1}{\tan \theta - \sec \theta + 1} = \frac{\tan \theta + \sec \theta + \tan^2 \theta - \sec^2 \theta}{\tan \theta - \sec \theta + 1}$$

$$= \frac{(\tan \theta + \sec \theta)(1 + \tan \theta - \sec \theta)}{\tan \theta - \sec \theta + 1}$$

$$= \tan \theta + \sec \theta$$

$$\tan \theta + \sec \theta \quad = (\tan \theta + \sec \theta) \frac{\tan \theta - \sec \theta + 1}{\tan \theta - \sec \theta + 1}$$

$$= \frac{\tan^2 \theta - \sec^2 \theta + \tan \theta + \sec \theta}{\tan \theta - \sec \theta + 1}$$

$$= \frac{-1 + \tan \theta + \sec \theta}{\tan \theta - \sec \theta + 1} = \frac{\tan \theta + \sec \theta - 1}{\tan \theta - \sec \theta + 1}$$

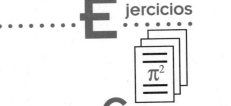

Ejercicios

Geomètricos

28

Demostrar las siguientes identidades:

a) $\operatorname{sen} x \sec x = \tan x$

b) $\tan x + \cot x = \sec x + \csc x$

c) $(1 - \operatorname{sen}^2 x)(1 + \tan^2 x) = 1$

d) $(1 - \cos x)(1 + \sec x) \cot x = \operatorname{sen} x$

e) $\csc^2 (1 - \cos^2 x) = 1$

f) $\dfrac{\sec x}{\cot x + \tan x} = \operatorname{sen} x$

g) $\dfrac{\operatorname{sen} . x}{\csc x} + \dfrac{\cos x}{\sec x} = 1$

h) $\dfrac{1 - 2 \cos^2 x}{\operatorname{sen} x \cos x} = \tan x - \cot x$

i) $\cos^4 x - \operatorname{sen}^4 x = 1 - 2 \operatorname{sen}^2 x$

j) $\tan^2 x \csc^2 x \cot^2 x \operatorname{sen}^2 x = 1$

k) $\operatorname{sen} x \cos x (\tan x + \cot x) = 1$

l) $\operatorname{sen}^2 x \sec^2 x + \operatorname{sen}^2 x \csc^2 x = \sec^2 x$

m) $\cot^4 x + \cot^2 x = \csc^4 x - \csc^2 x$

n) $1 - \dfrac{\cos^2 x}{1 + \operatorname{sen} x} = \operatorname{sen} x$

o) $\dfrac{1}{\sec x + \tan x} = \sec x - \tan x$

p) $\dfrac{1}{1 - \operatorname{sen} x} + \dfrac{1}{1 + \operatorname{sen} x} = 2 \sec^2 x$

q) $\tan x - \csc x \sec x (1 - 2 \cos^2 x) = \cot x$

r) $\dfrac{\operatorname{sen} x}{\operatorname{sen} x + \cos x} = \dfrac{\sec x}{\sec x + \csc x}$

s) $\dfrac{\operatorname{sen} x + \tan x}{\cot x + \csc x} = \operatorname{sen} x \tan x$

t) $\dfrac{\sec x - \csc x}{\sec x = \csc x} = \dfrac{\tan x - x}{\tan x + 1}$

ECUACIONES TRIGONOMÉTRICAS

Las ecuaciones trigonométricas contienen funciones trigonométricas de ángulo desconocidos y se les da el nombre de:

a) Identidades, cuando son válidas para todos los valores de los ángulo desconocidos en los que estén definidas las funciones.

b) Ecuaciones condicionales o ecuaciones, si son válidas únicamente para ciertos valores de los ángulos desconocidos.

Una solución de una ecuación trigonométrica simple como

$\operatorname{sen} x = \dfrac{1}{2}$, es un valor del ángulo x que satisface la ecuación $\operatorname{sen} x = \dfrac{1}{2}$.

Sabemos que cuando $x = 30°$, $\operatorname{sen} 30° = \dfrac{1}{2}$. En el círculo trigonométrico son numéricamente iguales sen $30°$ y sen $150°$, es decir.

$$\operatorname{sen} 30° = \operatorname{sen} 150° = \dfrac{1}{2}$$

entonces $30°$ y $150°$ son valores de x que satisfacen la ecuación. Además, sen $(30° + n\, 360°) = \operatorname{sen} (150° + n\, 360°) = \dfrac{1}{2}$, siendo n un número entero cualquiera.

Por tanto, hay un número infinito de valores para x que satisfacen esta ecuación, por lo que todos ellos forman un sistema específico.

El conjunto de soluciones se pueden expresar en términos de ángulos en medidas de grados o radianes. En este caso la solución se puede escribir:

$$x = \{130° + n\, 360° \text{ y } 150° + n\, 360°\}$$

o bien,

$$x = \left\{ \dfrac{\pi}{3} + 2n\pi \qquad y \qquad \dfrac{2\pi}{3} + 2n\pi \right\}$$

donde n es un número entero cualquiera.

Todas las raíces de las ecuaciones del tipo de sen $x = k$ y cos $x = k$, siendo $-1 \leq k \leq 1$, se pueden obtener por simple inspección o por medio de tablas, para cualquier intervalo que cubra un periodo completo, sumando múltiplos enteros en 2π cuando sea necesario.

Ejemplos:

1. Resolver la ecuación sen $x = \dfrac{\sqrt{3}}{2}$.

Por simple inspección sabemos que $x\, 60° = (x = \dfrac{\pi}{3})$ y $x = 120°\, (x = \dfrac{2\pi}{3})$, entonces el sistema de soluciones es:

$$x = \left\{ \dfrac{\pi}{3} + 2n\pi \text{ y } \dfrac{2\pi}{3} + 2n\pi \right\}$$

Resolver la ecuación $\cos x = -\dfrac{1}{2}$.

Por simple inspección $x = 120°$ $\left(x = \dfrac{2\pi}{3} \right)$ y

$x = 240°$ $\left(x = \dfrac{4\pi}{3} \right)$, entonces la solución completa es:

$$x = \left\{ \dfrac{2\pi}{3} + 2n\pi \ \text{y} \ \dfrac{4\pi}{3} + 2n\pi \right\}$$

Las ecuaciones del tipo de $\tan x = k$ y $\cot x = k$ se resuelven de manera similar, lo que el periodo para estas funciones es π, entonces en el intervalo $0 \leq x \leq$ se encuentra una solución fundamental y la solución completa se obtiene mando múltiplos enteros de π a la solución fundamental.

Ejemplos:

Resolver la ecuación, $\tan x = \sqrt{3}$.

Por la simple inspección $\tan x = 60°$ $\left(x = \dfrac{\pi}{3} \right)$, entonces la solución completa es:

$$x = \left\{ \dfrac{\pi}{3} + n\pi, n = 0, \pm 1, \pm 2, ... \right\}$$

Resolver la ecuación $\cot x = -1$.

Por la simple inspección $x = 135°$ $\left(x = \dfrac{3\pi}{4} \right)$, entonces la solución completa es:

$$x = \left\{ 135° + n180°, \ n = 0, \pm 1, \pm 2, ... \right\}$$

Las ecuaciones del tipo función trigonométrica de $nx = k$ se resuelven encontrando la solución completa para nx y después se divide entre n.

Ejemplo:

Resolver la ecuación $\operatorname{sen} 3x = -\dfrac{1}{2}$.

Por la simple inspección $3x = 210°$ y $3x = 330°$ son las soluciones fundamentales, entonces:

$$3x = 210° + n\,360° \quad \text{y} \quad 3x = 330° + n\,360°$$

dividiendo las igualdades entre 3, se tiene:

$$x = 70° + n120° \quad \text{y} \quad x = 110° + n\,120°$$

La segunda forma de solución se puede plantear como $3x = -30° + n360°$, de donde $x = -10 + n120°$; sin embargo, este sistema de soluciones da lugar al mismo sistema de soluciones pues los elementos son obtenidos de los diferentes

valores de n. Por ejemplo, $x = 110°$ para $n = 0$ en el sistema $\{110° + n120°\}$,
para $n = 1$ en el sistema $\{-10 + n120°\}$.

En ocasiones sólo se desea encontrar los miembros del sistema de solución
que pertenecen a un determinado intervalo, lo cual se logra escogiendo l
valores de n, de manera que los valores de x sean del intervalo especificado. F
este caso es necesario asegurarse de que se han encontrado todos los miembro
que caen en el intervalo.

Ejemplo:

Encontrar todos los valores de x en el intervalo $-\pi \leq x \leq \pi$ que satisfacen
ecuación $\cos 3x = \dfrac{1}{2}$.

Por la simple inspección se obtiene:

$$3x = \frac{\pi}{3} + 2n\pi \quad \text{y} \quad 3x = \frac{5\pi}{3} + 2n\pi$$

de donde:

$$x = \frac{\pi + 6n\pi}{9} \quad \text{y} \quad x = \frac{5\pi + 6n\pi}{9}$$

entonces, cuando:

$n = 0$ $\qquad\qquad x = \dfrac{\pi}{9}$ $\qquad\qquad$ y $\qquad\qquad x = \dfrac{5\pi}{9}$

$n = 1$ $\qquad\qquad x = \dfrac{7\pi}{9}$ $\qquad\qquad$ y $\qquad\qquad x = \dfrac{11\pi}{9}$

$n = -1$ $\qquad\qquad x = -\dfrac{5\pi}{9}$ $\qquad\qquad$ y $\qquad\qquad x = -\dfrac{\pi}{9}$

$n = -2$ $\qquad\qquad x = -\dfrac{11\pi}{9}$ $\qquad\qquad$ y $\qquad\qquad x = -\dfrac{7\pi}{9}$

Para los demás valores de n se obtienen valores de x fuera del intervalo, po
lo que el sistema de soluciones es:

$$\left\{-\frac{7\pi}{9}, -\frac{5\pi}{9}, -\frac{\pi}{9}, \frac{\pi}{9}, \frac{5\pi}{9}, \frac{7\pi}{9}\right\}$$

Las ecuaciones en las que intervienen en $\sec x$ y $\csc x$ se transforman a partir
de sus recíprocas, usando las identidades trigonométricas.

Aun cuando no existe un método general para resolver las ecuaciones
trigonométricas, se presentan tres ejemplos que pueden servir de modelo:

a) Cuando la ecuación se puede descomponer en factores.
   Resolver $\sen x - 2 \sen x \cos x = 0$.
   Factorizando $\sen x (1 - 2 \cos x) = 0$ e igualando cada factor a cero:

$$\sen x = 0$$
$$x = 0, \pi$$
$$1 - 2 \cos x = 0$$
$$\cos x = \frac{1}{2}$$
$$x = \frac{\pi}{3}, \frac{5\pi}{3}$$

omprobación:

ara $x = 0$, sen $x - 2$ sen x cos $x = 0 - 2(0)(1) = 0$

Para $x = \dfrac{\pi}{3}$, sen $x - 2$ sen x cos $x =$

$$= \frac{\sqrt{3}}{2} - 2\left(\frac{\sqrt{3}}{2}\right)\left(\frac{1}{2}\right) = 0$$

Para $x = \pi$, sen $x - 2$ sen x cos $x = 0 - 2(0)\,(-1) = 0$

Para $x = \dfrac{5\pi}{3}$, sen $x - 2$ sen x cos $x =$

$$= -\frac{\sqrt{3}}{2} - 2 - \left(\frac{\sqrt{3}}{2}\right)\left(\frac{1}{2}\right) = 0$$

Las soluciones para x en $0 \le x \le 2\pi$ son:

$$x = 0, \frac{\pi}{3}, \pi\, \frac{5\pi}{3}.$$

) Cuando las distintas funciones que contiene la ecuación se pueden expresar en términos de una sola. Resolver

$$2 \tan^2 x + \sec^2 x = 2$$

Como $\sec^2 x = 1 + \tan^2 x$ al sustituir en la ecuación, se obtiene:

$$2 \tan^2 x + (1 + \tan^2 x) = 2$$
$$3 \tan^2 x + 1 = 2$$
$$3 \tan^2 x = 1$$
$$\tan^2 x = \frac{1}{3}$$
$$\tan x = \pm \sqrt{\frac{1}{3}}$$
$$\tan x = \pm \frac{1}{\sqrt{3}}$$
$$\tan x = \pm \frac{\sqrt{3}}{3}$$

Cuando $\tan x = \dfrac{\sqrt{3}}{3}$, $x = \dfrac{\pi}{6}$ y $\dfrac{7\pi}{6}$

Cuando $\tan x = -\dfrac{\sqrt{3}}{3}$, $x = \dfrac{5\pi}{6}$ y $\dfrac{11\pi}{6}$

Comprobación:

Para $x = \dfrac{\pi}{6}$, $2 \tan^2 x + \sec^2 x = 2\left(\dfrac{\sqrt{3}}{3}\right)^2 + \left(\dfrac{2\sqrt{3}}{3}\right)^2$

$$= 2\left(\frac{3}{9}\right) + \frac{12}{9} = 2$$

$$\text{Para } x = \frac{5\pi}{6}, \ 2 \tan^2 x + \sec^2 x = 2\left(-\frac{\sqrt{3}}{3}\right)^2 + \left(-\frac{2\sqrt{3}}{3}\right)^2$$

$$= 2\left(\frac{3}{9}\right) + \frac{12}{9} = 2$$

$$\text{Para } x = \frac{7\pi}{6}, \ 2 \tan^2 x + \sec^2 x = 2\left(-\frac{\sqrt{3}}{3}\right)^2 + \left(\frac{2\sqrt{3}}{3}\right)^2$$

$$= 2\left(\frac{3}{9}\right) + \frac{12}{9} = 2$$

$$\text{Para } x = \frac{11\pi}{6}, \ 2 \tan^2 x + \sec^2 x = 2\left(-\frac{\sqrt{3}}{3}\right)^2 + \left(-\frac{2\sqrt{3}}{3}\right)^2$$

$$= 2\left(\frac{3}{9}\right) + \frac{12}{9} = 2$$

Las soluciones para x en $0 \le x \le 2\pi$ son:

$$x = \frac{\pi}{6}, \frac{5\pi}{6}, \frac{7\pi}{6}, \frac{11\pi}{6}$$

Resolver $\sec x + \tan x = 0$.
Transformando la ecuación en términos de sen x y cos x tenemos que:

$$\sec x + \tan x = \frac{1}{\cos x} + \frac{\operatorname{sen} x}{\cos x} = 0$$

Multiplicando la ecuación por cos x:

$$\cos x \left(\frac{1}{\cos x} + \frac{\operatorname{sen} x}{\cos x}\right) = 1 \operatorname{sen} x = 0$$

$$1 + \operatorname{sen} x = 0, \text{ o bien, sen } x = -1$$

entonces: $x = \dfrac{3\pi}{2}$ pero sec x y tan x no están definidas, por tanto, cuando $x =$

$\dfrac{3\pi}{2}$ la ecuación no tiene solución.

c) Cuando los dos miembros de la ecuación se elevan al cuadrado.

Resolver sen x + cos x = 1.
Si se procediera como en el ejemplo anterior, habría que sustituir sen x por $\pm\sqrt{1 - \cos^2 x}$ o cos x por $\pm\sqrt{1 - \operatorname{sen}^2 x}$, lo cual introduciría radicales en la ecuación. Para evitar esta dificultad se hará lo siguiente:

expresando sen x + cos x = 1 en la forma:

$$\text{sen } x = 1 - \cos x$$

se elevan ambos miembros de la ecuación al cuadrado:

$$(\text{sen } x)^2 = (1 - \cos x)^2$$
$$\text{sen}^2 x = 1 - 2 \cos x + \cos^2 x$$
$$1 - \cos^2 x = 1 - 2 \cos x + \cos^2 x$$
$$2 \cos^2 x - 2 \cos x = 0$$
$$2 \cos x (\cos x - 1) = 0$$

igualando cada factor a cero:

$$\cos x = 0, \, x = \frac{\pi}{2} \text{ y } \frac{3\pi}{2}$$

$$\cos x = 1, \, x = 0$$

Comprobación:

Para $x = 0$, sen x + cos x = 0 + 1 = 1

Para $x = \dfrac{\pi}{2}$, sen x + cos x = 1 + 0 = 1

Para $x = \dfrac{3\pi}{2}$, sen x + cos x = −1 + 0 ≠ 1

Las soluciones para x en $0 \le x \le 2\pi$ son $x = 0, \, \dfrac{\pi}{2}$.

El valor de $x = \dfrac{3\pi}{2}$ es una solución extraña que se introdujo al elevar al cuadrado los dos miembros de la ecuación y así satisfacer a ésta pero no a la ecuación original.

Ejercicios

Geomètricos

29

1. Encontrar todas las raíces de las ecuaciones siguientes:

a) sen $x = \dfrac{1}{2}$ b) cos $x = \dfrac{1}{2}$ c) tan $x = 1$

d) sen $x = -\dfrac{1}{2}$ e) cos $x = \dfrac{\sqrt{3}}{2}$ f) tan $x = \dfrac{\sqrt{3}}{3}$

g) sen $x = -1$ h) cos $x = 2$ i) tan $x = 0$

j) sen $x = 0$ k) cos $x = -1$ l) tan $x = \sqrt{3}$

m) sen $4x = \dfrac{\sqrt{3}}{2}$ n) cos $6x = 0$ o) tan $3x = 1$

2. Resolver las ecuaciones para todos los valores de x tales que $0 \leq x \leq 2\pi$

a) $\operatorname{sen} x = 1$

b) $\cos 2x = 0$

c) $\tan 3x = 0$

d) $\operatorname{sen} 5x = \dfrac{1}{2}$

e) $\cos x = -1$

f) $\tan 2x = -\sqrt{3}$

g) $\operatorname{sen} x = \dfrac{\sqrt{3}}{2}$

h) $\cos^2 x = \dfrac{1}{2}$

i) $\operatorname{sen} x \cos x = 0$

j) $(\tan x - 1)(2 \operatorname{sen} x + 1) = 0$

k) $2 \operatorname{sen}^2 x - \operatorname{sen} x - 1 = 0$

l) $\operatorname{sen} 2x + \operatorname{sen} x = 0$

m) $\cos x + \cos 2x = 0$

n) $2 \tan x \operatorname{sen} x - \tan x = 0$

o) $2 \cos x + \sec x = 3$

VECTORES

En física y en matemáticas se emplean dos clases especiales de cantidades físicas, una de ellas sólo tiene magnitud y la otra tiene magnitud y dirección. Una cantidad que sólo tiene magnitud se llama escalar. La longitud de un objeto expresada en términos de una unidad de longitud adecuada es un escalar. También lo son la masa, el tiempo, la densidad, entre otros. Una cantidad que tiene tanto magnitud como dirección se llama vector. Las fuerzas, velocidades y aceleraciones son ejemplos de vectores. Estas cantidades tienen dirección así como magnitud.

En física, un vector se representa en el plano por medio de un segmento rectilíneo dirigido o por una flecha. El punto de partida de la flecha se llama pie y el punto final se llama cabeza o punta. La longitud de la flecha representa la magnitud del vector. La dirección es dada por un ángulo que la flecha forma con la horizontal; el sentido lo indica la flecha.

A una fuerza se le puede representar gráficamente por medio de una flecha que apunta en la dirección que la fuerza actúa y con una longitud igual a la magnitud de la fuerza expresada en una unidad conveniente.

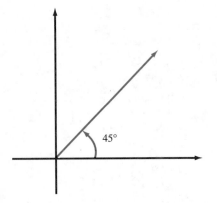

Así, por ejemplo, si un móvil se desplaza hacia el Este del Norte (Noreste o NE) con una velocidad de 60 kilómetros por hora, se puede representar por una flecha de 3 cm de longitud (1 cm = 20 km) cuya dirección forme un ángulo de 45° sobre la horizontal y que apunte hacia la derecha.

Si el segmento dirigido que va de P a Q representa un vector, se puede trazar el triángulo rectángulo PQR en el que PR es horizontal y QR es vertical. La longitud de PR representada por a es la "componente en x" del vector PQ; a es positiva si PQ apunta hacia la derecha y es negativa si PQ apunta hacia la izquierda. En forma similar PR representada por b es la "componente en y" de PQ, b es positiva si PR apunta hacia arriba y es negativa si PQ apunta hacia abajo.

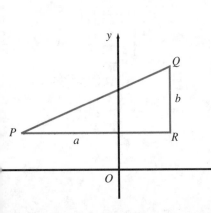

Por tanto, conocido un vector se pueden determinar sus componentes y recíprocamente si se conocen los dos componentes se puede determinar el vector. Para simplificar la discusión supóngase que el pie del vector está en el origen, de manera que las coordenadas de la cabeza son iguales a las componentes del vector. Esto significa que cualquier vector se puede determinar por un par ordenado de números (a, b). En forma similar, un vector en el espacio tiene tres componentes y queda determinado por una terna (a, b, c).

Los vectores se representan con letras en negritas como A, a, r y su longitud por $|A|$, $|a|$, $|r|$, a la que se le llama valor absoluto o magnitud de A, a o r. Un vector también se puede representar por una letra con una flecha por encima de la misma: $\vec{A}$, $\vec{a}$. Se pueden utilizar las letras de los puntos inicial y final con una flecha: $\overrightarrow{OP}$, y a su magnitud como $|\overrightarrow{OP}|$.

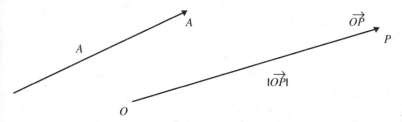

Se dice que dos vectores son iguales si son paralelos, tienen la misma magnitud y apuntan en la misma dirección. Los vectores A y B son iguales. Obsérvese que no tienen el mismo origen ni están en la misma recta, o sea que pueden transportarse de un lugar a otro.

Si un vector tiene la misma magnitud que A y apunta en dirección opuesta se denota por $-A$.

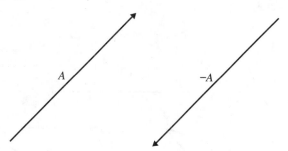

ADICIÓN DE VECTORES

La suma de dos vectores se define así:

$$(a, b) + (c, d) = (a + c, b + d)$$
$$(a, b, c) + (d, e, f) = (a + d, b + e, c + f)$$

esto significa que para sumar dos vectores de la misma dimensión se deben sumar los componentes que corresponden. Para sumar $\overrightarrow{OP}$ y $\overrightarrow{OP}$ se busca un punto R que sea el cuarto vértice de un paralelogramo que tiene como vértices a O, P y Q.

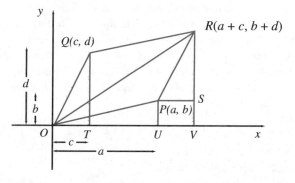

Como se puede observar en la figura, los triángulos PRS y OQT son congruentes, por tanto $PS = c$ y $RS = d$. Además, $OU = a$ y OV es la componente en x de $\overrightarrow{OR}$ y en consecuencia:

$$
\begin{aligned}
OV &= OU + UV \\
&= OU + PS \\
&= a + c
\end{aligned}
$$

Por otra parte,
$$
\begin{aligned}
VR &= VS + SR \\
&= UP + TQ \\
&= b + d
\end{aligned}
$$

de donde:
$$
\overrightarrow{OR} = \overrightarrow{OP} + \overrightarrow{OQ}
$$

A $\overrightarrow{OR}$ se le conoce como el vector resultante que en este caso se ha determinado por el llamado método del peralelogramo.

Dos vectores se pueden sumar por la regla del triángulo en la que los vectores A, B y $A + B$ forman los lados de un triángulo. Para ello, se hacen coincidir la cabeza del primer vector con el pie del segundo y a continuación se traza el vector resultante cuyo pie es el pie del primer vector y cuya cabeza es la cabeza del segundo vector.

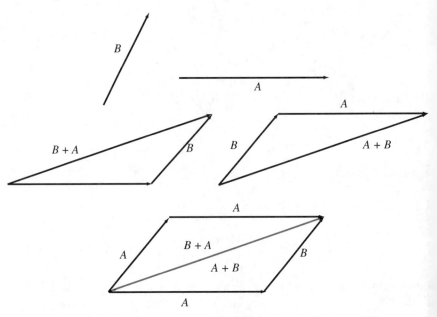

Las reglas del paralelogramo y del triángulo son casos particulares de la regla del polígono por la que se pueden sumar dos o más vectores.

Para aplicar esta regla se procede de la siguiente forma: Los vectores se trazan con su respectiva magnitud, dirección y sentido, haciendo coincidir la cabeza del primero con el pie del segundo, la cabeza de éste con el pie del tercero y así sucesivamente. La suma vectorial o vector resultante es aquel que va del pie del primer vector hasta la cabeza del último, es decir, es el vector que completa o "cierra" el polígono.

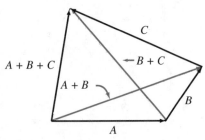

Cuando la suma de los vectores da lugar a un polígono cerrado en el que la cabeza del último vector coincide con el pie del primero, se define la suma por un vector de magnitud cero al que se denomina vector nulo o vector cero, el cual no tiene dirección ni sentido.

El vector cero permite que la suma de vectores siempre sea posible, de tal manera que $A + (-A) = 0$ y $A + 0 = 0 + A = A$.

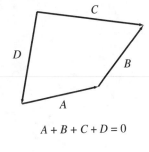

$$A + B + C + D = 0$$

STA DE VECTORES

$- B$ es el vector que sumado al vector B da como resultado el vector A, decir:

$$B + A - B = A$$

El vector $A - B$ tiene su pie en la cabeza de B y su cabeza coincide con la abeza de A. Se llega al mismo resultado sumando $-B$ a A, $A + (-B)$.

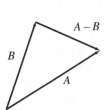

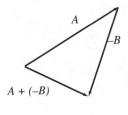

Estos resultados se pueden apreciar en la siguiente figura:

Como los vectores del plano, se pueden representar con pares ordenados de úmeros reales se dice que ciertas propiedades de los vectores se deducen a artir de las propiedades de los números reales.

El álgebra vectorial tiene leyes similares al álgebra de nuestro sistema de úmeros reales.

ECTORES EN UN PLANO COORDENADO RECTANGULAR

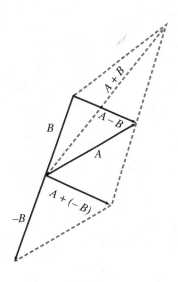

Los vectores se pueden expresar como la suma de vectores paralelos a los ejes oordenados. Las letras i y j se utilizan para representar vectores unitarios, o ea que cada uno tiene una unidad de magnitud que corresponden a una unidad le longitud a partir del origen hacia los puntos $(1, 0)$ y $(0, 1)$, respectivamente.

De esta manera, cualquier vector en el plano se puede expresar como la suma le un escalar multiplicado por i y un escalar multiplicado por j.

Si el vector $V = (a, b)$, entonces V se puede expresar así:

$$
\begin{aligned}
V &= (a, b) \\
&= (a, 0) + (0, b) \\
&= a(1, 0) + b(0, 1) \\
&= ai + bj
\end{aligned}
$$

Los escalares a y b son números reales a los que se les denomina componentes rectangulares. Los vectores ai y bj son los componentes del vector V. El vector ai es la componente x, y bj es la componente y. A la longitud de un vector V se le denota por $|V|$ y se le llama magnitud o valor absoluto.

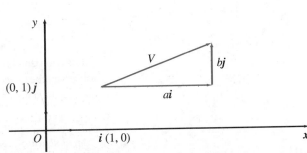

Como $|ai| = |a|$ y $|bj| = |b|$, pues i y j son cada uno de una unidad de lon gitud, para un vector $V = ai + bj$ se tiene, por el teorema de Pitágoras, que:

$$|V| = \sqrt{a^2 - b^2}$$

El vector V multiplicado por el número real $\dfrac{1}{|V|}$ es un vector de longitu unitaria en la dirección de V. Un vector unitario es aquel cuya longitud es 1 unidad.

Por ejemplo, la longitud de $V = 3i + 4j$ es:

$$|V| = \sqrt{3^2 + 4^2} = 5 \qquad\qquad \text{y} \qquad\qquad \frac{V}{|V|} = \frac{3i + 4j}{5} = \frac{3}{5}i + \frac{4}{5}j$$

es un vector unitario que tiene la misma dirección que $3i + 4j$.

De acuerdo con la definición de suma de vectores, si

$$V_1 = a_1 i + b_1 j \ \text{ y } V_2 = a_2 i + b_2 j,$$

entonces:

$$V_1 + V_2 = (a_1 + a_2)i + (b_1 + b_2)j$$
$$V_1 - V_2 = (a_1 + a_2)i + (b_1 - b_2)j$$

Ejemplo:

1. A partir del origen se trazan vectores a los puntos A (6, 1) y B (2, 4). Repre- sentar $\vec{OA} = A$ y $\vec{OB} = B$ y hallar $A + B$ y $A - B$.

Solución:

De acuerdo con las coordenadas de los puntos A y B, los vectores $\vec{OA} = A$ y $\vec{OB} = B$ son:

$$A = 6i + j, \quad B = 2i + 4j$$

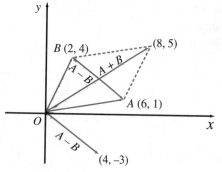

Por tanto:

$$A + B = (6 + 2)i + (1 + 4)j$$
$$= 8i + 5j$$
$$A - B = (6 - 2)i + (1 - 4)j$$
$$= 4i + (-3)j$$
$$= 4i - 3j$$

Las coordenadas de la cabeza del vector $A + B$ son (8, 5). En la figura se puede observar que el vector $A - B$ no tiene su pie en el origen. Un vector igual a $A - B$ con su pie en el origen tiene a (4, –3) como coordenadas de su cabeza.

2. Un vector V tiene una magnitud de 10 unidades y forma un ángulo de 30° con el sentido positivo del eje x. Expresar V en términos de la base i, j.

Solución:

En la siguiente figura se ilustra la posición del vector en la que su magnitud se representa por un segemento de 5 cm (escala 1 : 2).

La componente horizontal de V se obtiene a partir de:

$$\cos 30° = \frac{x}{|V|}$$

de donde: $|V| \cos 30° = x$

o sea:

$$10\left(\frac{\sqrt{3}}{2}\right) = x$$

$$5\sqrt{3} = x$$

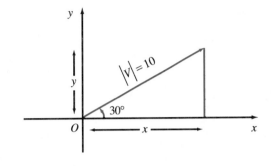

La componente vertical de V se obtiene a partir de:

$$\text{sen } 30° = \frac{y}{|V|}$$

de donde: $|V| \text{ sen } 30° = y$

o sea:

$$10\left(\frac{1}{2}\right) = y$$

$$5 = y$$

Por tanto, el vector V se puede expresar en términos de la base i, j como:

$$V = 10 \cos 30° \, i + 10 \text{ sen } 30° \, j$$

o bien: $V = 5\sqrt{3}i + 5j$

3. Con una lancha de remos se puede avanzar a una velocidad de 8 kilómetros por hora en aguas tranquilas. Se desea cruzar un río de 60 metros de ancho que fluye con una velocidad de 6 kilómetros por hora. Determinar la velocidad real de la lancha y el sitio al que llegará en la orilla opuesta.

Solución:

En la siguiente figura se ilustra el problema considerando que el río fluye hacia abajo.

Designando la componente horizontal con A y la vertical con B se tiene que:

$$V = A + B$$

o sea que: $V = 8i - 6j$

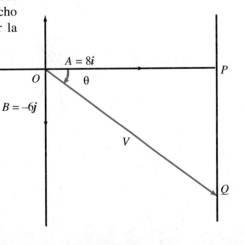

La magnitud de V es: $|V| = \sqrt{8^2 + 6^2}$

$$= \sqrt{64 + 36}$$
$$= \sqrt{100}$$
$$= 10$$

esto significa que la velocidad real de la lancha es de 10 kilómetros por hora. En la figura se observa que:

$$\tan \theta = \frac{\overline{PQ}}{OP}$$

es decir: $\overline{OP} \tan \theta = \overline{PQ}$

donde el ancho del río, $\overline{OP}$, es igual a 60 metros y

$$\tan \theta = \frac{-6}{8} = -\frac{3}{4},$$

por tanto: $60\left(-\dfrac{3}{4}\right) = \overline{PQ}$

$$-45 = \overline{PQ}$$

o sea que la lancha alcanza la orilla opuesta a los 45 metros corriente abajo del punto P.

4. Dos fuerzas F_1 y F_2 actúan sobre un objeto. Si F_1 es de 18 libras en la dirección N 60° E y F_2 es de 6 libras en la dirección N 60° W, calcular la magnitud y dirección de una fuerza que al actuar sobre el objeto evitará que éste se mueva.

Solución:

La notación N 60° E significa que la fuerza F_1, actúa a 60° al este del Norte, es decir, F_1, forma un ángulo de 60° a partir del rayo positivo del eje y en el mismo sentido en que giran las manecillas de un reloj; mientras que F_2 actúa a 60° al oeste del Norte, o sea, que F_2 forma un ángulo de 60° a partir del rayo positivo del eje y en sentido contrario al giro de las manecillas de un reloj. Recuerde que en los vectores la dirección se determina por el ángulo que forman con el rayo positivo del eje x, o sea, que para F_1 su ángulo α_1 es de 30° y para F_2 su ángulo α_2 es de 150°.

En consecuencia F_1 y F_2 se expresan así:

$F_1 = 18 \cos 30° \, i + 18 \text{ sen } 30° j$ $F_2 = 6 \cos 150° \, i + 6 \text{ sen } 150° j$

$$= 18\left(\frac{\sqrt{3}}{2}\right)i + 18\left(\frac{1}{2}\right)j \qquad\qquad = 6\left(-\frac{\sqrt{3}}{2}\right)i + 6\left(\frac{1}{2}\right)j$$

$$= 9\sqrt{3}i + 9j \qquad\qquad\qquad = -3\sqrt{3}i + 3j$$

La resultante de las fuerzas F_1 y F_2 es:

$$r = F_1 + F_2 \qquad\qquad |r| = \sqrt{\left(6\sqrt{3}\right)^2 + 12^2}$$

$$= \left(9\sqrt{3}i + 9j\right) + \left(-3\sqrt{3}i + 3j\right) \qquad = \sqrt{36(3) + 144}$$

$$= \left(9\sqrt{3} - 3\sqrt{3}\right)i + (9+3)j \qquad\qquad = \sqrt{252}$$

$$= 6\sqrt{3}i + 12j \qquad\qquad\qquad = 15.87$$

La dirección del vector resultante se puede determinar con la expresión:

$$\tan \theta = \frac{6\sqrt{3}}{12}$$

$$= \frac{\sqrt{3}}{2}$$

$$= 0.866$$

por tanto: $\theta = \tan^{-1} 0.866$

$\theta = 40° \, 53'$

En consecuencia, las fuerzas F_1 y F_2 se pueden equilibrar con una fuerza F cuya magnitud sea igual a la de la resultante pero actuando en sentido opuesto a ella, es decir, la fuerza F debe tener una magnitud de 15.87 libras en dirección S 40° 53' W.

En este sistema de fuerzas se observa que:

$$F_1 + F_2 + F = 0$$

esto de manera general en mecánica se expresa por la ley fundamental: si un sistema mecánico rígido está en reposo, entonces el vector suma de todas las fuerzas externas que actúan sobre el sistema es el vector cero.

. Un peso de 2 850 kilogramos está suspendido por dos cables. El origen del sistema coordenado se hace coincidir con el punto en el que los dos cables están unidos al peso, como se indica en el diagrama. Si el cable del lado derecho forma un ángulo $a_1 = \tan^{-1} \dfrac{5}{12}$ con respecto a la horizontal y el cable del lado izquierdo forma un ángulo $a_2 = \tan^{-1} \dfrac{8}{15}$, como se ve en la figura, ¿cuál es la tensión (magnitud de la fuerza) en cada cable?

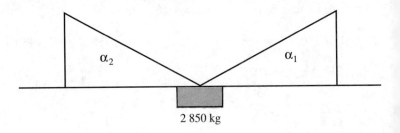

Solución:

Sean:

F_1 = fuerza cable derecho
F_2 = fuerza cable izquierdo
P = fuerza hacia abajo debida al peso

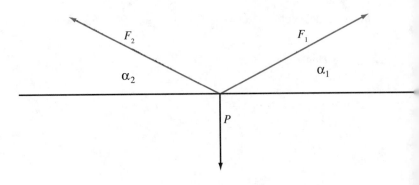

Para F_1, sus componentes y y x están en la razón $\frac{5}{12}$, mientras que los de

están en la razón $\frac{8}{15}$, entonces F_1 y F_2 se pueden expresar como:

$$F_1 = 12mi + 5mj, \text{ donde } m \text{ es una constante}$$
$$F_2 = -15ni + 8nj, \text{ donde } n \text{ es una constante}$$
$$P = -2\ 850j$$

De acuerdo con la ley fundamental de la mecánica:

$$F_1 + F_2 + P = 0$$

es decir:

$$(12\ mi + 5mj) + (-15ni + 8nj) + (-2\ 850j) = 0$$

o sea que:

$$(12m - 15n)i + (5m + 8n - 2\ 850)j = 0 = 0i + 0j$$

por tanto:

$$12m - 15n = 0 \qquad\qquad 5m + 8n - 2\,850 = 0$$

$$12m = 15n \qquad\qquad 5\left(\frac{5}{4}\right)n + 8n = 2\,850$$

$$m = \frac{15}{12}n \qquad\qquad 25n + 32n = 11\,400$$

$$\qquad\qquad 57n = 11\,400$$

$$m = \frac{5}{4}n \qquad\qquad n = \frac{11\,400}{57}$$

de donde:

$$m = \frac{5}{4}(200)$$

$$m = 250$$

entonces: $\quad F_1 = 12(250)i + 5(250)j \qquad F_2 = -15(200)i + 8(200)j$

$$= 3000i + 1250j \qquad\qquad = -3000i + 1600j$$

La tensión de F_1 y F_2 es:

$$|F_1| = \sqrt{3\,000^2 + 1\,250^2} \qquad\qquad |F_2| = \sqrt{3\,000^2 + 1\,600^2}$$

$$= \sqrt{9\,000\,000 + 1\,562\,500} \qquad\qquad = \sqrt{9\,000\,000 + 2\,560\,000}$$

$$= \sqrt{10\,562\,500} \qquad\qquad = \sqrt{11\,560\,000}$$

$$= 3\,250 \qquad\qquad = 3\,400$$

Ejercicios

Geomètricos

30

Encontrar la suma de los vectores que van del origen a los puntos dados. Restar el segundo vector al primero. Representar todos los vectores en el plano coordenado.

1. $A\,(1, 5)$, $B\,(7, 3)$ 6. $A\,(7, 2)$, $B\,(3, 5)$

2. $A\,(7, 3)$, $B\,(1, 5)$ 7. $A\,(4, -2)$, $B\,(-2, 4)$

3. $A\,(3, 6)$, $B\,(-2, 1)$ 8. $A\,(2, 3)$, $B\,(-1, 4)$

4. $A\,(2, 3)$, $B\,(-4, 5)$ 9. $A\,(6, 7)$, $B\,(-5, -5)$

5. $A\,(5, 0)$, $B\,(0, 4)$ 10. $A\,(8, -2)$, $B\,(4, -6)$

Determinar un vector unitario que tenga la dirección del vector dado.

11. $3i + 4j$ 16. $12i - 5j$

12. $-3i - 4j$ 17. $8i + 15j$

13. $4i + 3j$ 18. $15i - 8j$

14. $-4i - 3j$ 19. $2i - 3j$

15. $5i - 12j$ 20. $i + 2j$

Demostrar que:

21. El vector nulo, $(0, 0)$, es la identidad en la adición de vectores.

22. El vector $(-a, -b)$ es el inverso aditivo del vector (a, b).

23. La adición de vectores es conmutativa.

24. La adición de vectores es asociativa.

Utilizar vectores para resolver los problemas siguientes:

25. Un vector A tiene una magnitud de 12 unidades y forma un ángulo de $30°$ con el sentido positivo del eje x. Expresar A en términos de la base i, j.

26. Resolver el problema anterior cuando la dirección del vector es de $45°$.

27. Con una lancha de remos se puede avanzar a una velocidad de 8 kilómetros por hora en aguas tranquilas. Se desea cruzar un río de 60 metros de ancho cuyas aguas fluyen a una velocidad de 6 kilómetros por hora. Calcular la velocidad real de la lancha y determinar el sitio al que llegará en la orilla opuesta.

28. Una lancha de motor tiene una velocidad de 15 millas por hora en aguas tranquilas. Si se atraviesa un río de 45 yardas de ancho y cuyas aguas llevan una velocidad de 8 millas por hora, ¿cuál es la velocidad real de la lancha y qué tan lejos, corriente abajo, llegará a la orilla opuesta?

29. Un avión cuya velocidad es de 500 millas por hora en aire tranquilo, se dirige hacia el este. Actúa sobre él un viento que sopla del norte a 60 millas por hora. ¿Cuál es la velocidad real del avión y la dirección del vuelo?

30. Dos fuerzas F_1 y F_2 se aplican sobre un objeto. Si F_1 es de 15 kilogramos hacia el oeste y F_2 es de 8 kilogramos hacia el norte, ¿qué fuerza que actuara sobre el objeto evitaría que éste se moviera?

31. Resolver el problema anterior si F_1 actúa hacia el este y F_2 hacia el sur.

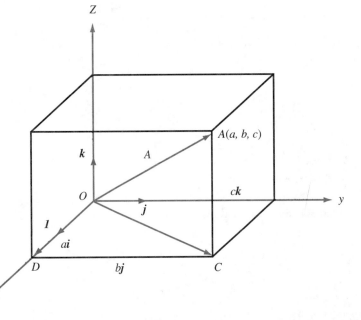

VECTORES EN EL ESPACIO

En el sistema coordenado rectangular tridimensional, los ejes x, y, z se orientan entre sí como los ejes x y y en dos dimensiones. Los vectores unitarios que van del origen a los puntos $(1, 0, 0)$, $(0, 1, 0)$ y $(0, 0, 1)$ se denotan por i, j y k respectivamente. A estos vectores también se les conoce como tríada fundamental, pues cualquier vector en el espacio se puede expresar en términos de i, j y k.

Así, el vector que va del origen al punto (a, b, c) es:

$$\overrightarrow{OA} = \overrightarrow{A} = ai + bj + ck$$

Los vectores ai, bj y ck son los componentes x, y y z del vector A.

En este caso el sistema de referencia tridimensional se llama sistema derecho (o hacia la derecha) debido a que el pulgar, el índice y el dedo corazón de la mano derecha corresponden respectivamente a los ejes z, x y y cuando dichos dedos se mantienen perpendiculares entre sí.

La longitud del vector A se puede obtener aplicando el teorema de Pitágoras en los triángulos rectángulos OCA y ODC.

En el triángulo rectángulo OCA:

$$(OA)^2 \;=\; (OC)^2 + (CA)^2$$

como en el triángulo rectángulo ODC:

$$(OC)^2 \;=\; (OD)^2 + (DC)^2$$

entonces:

$$(OA)^2 \;=\; (OD)^2 + (DC)^2 + (CA)^2$$

de donde:

$$(AO)^2 \;=\; a^2 + b^2 + c^2$$

por tanto, la longitud del vector A es:

$$|\vec{A}| = \sqrt{a^2 + b^2 + c^2}$$

PRODUCTOS DE VECTORES

En el trabajo con vectores se llaman escalares a los números reales.

El producto de un escalar m por un vector A se expresa por mA que es un vector m veces tan grande como A, y tiene el mismo sentido de A si m es positivo y sentido opuesto si m es negativo. Si $m = 0$ el producto es el vector cero. Si $m = -1$ el producto es $-A$.

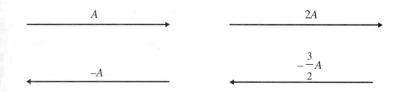

Si m y n son escalares, la suma de mA y nA es un vector $m + n$ veces tan grande como A, o sea que

$$mA + nA = (m + n)A$$

Si los lados de un triángulo son A, B y $A + B$ y a cada uno de ellos se le multiplica por un escalar m, entonces se forma un triángulo semejante de lados mA, mB y $m(A + B)$, es decir:

$$m(A + B) = mA + mB$$

esto significa que en la multiplicación de un escalar por un vector se cumple la propiedad distributiva de la multiplicación.

PRODUCTO ESCALAR DE DOS VECTORES

En física hay dos clases de productos vectoriales que tienen gran aplicación.

El producto escalar de dos vectores A y B se denota por $A \cdot B$ y se define así:

$$A \cdot B = |A| \cdot |B| \cos \theta$$

en el que θ es el ángulo que forman los dos vectores cuando se trazan a partir de un origen común. Por trigonometría se sabe que $\cos \theta = \cos (-\theta)$, de manera que no hay diferencia si se toma θ como positivo o negativo. Restringiendo θ al intervalo $0° \leq \theta \leq 180°$ se considera que A y B apuntan en la misma dirección cuando $\theta = 0°$ y apuntan en direcciones opuestas si $\theta = 180°$. A este producto también se le conoce como producto interior o producto punto, ya que éste se indica colocando un punto entre los dos vectores. El nombre escalar se debe a que el producto es una cantidad escalar.

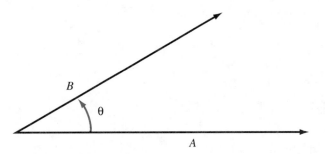

Puesto que $\cos 90° = 0$ y $\cos 0° = 1$ se deduce que el producto escalar de dos vectores perpendiculares es cero, mientras que el producto escalar de dos vectores en la misma dirección es el producto de sus longitudes. El producto punto de un vector A por sí mismo es el cuadrado de la longitud de A, es decir,

$$A \cdot A = |A|^2$$

En la figura el punto M es el pie de la perpendicular trazada hacia el vector A a partir de la cabeza de B. El vector que va de O hacia M se llama la proyección vectorial de B sobre A. Como θ es un ángulo agudo, la proyección vectorial y A apuntan en la misma dirección. Si θ es un ángulo obtuso, entonces A y el vector que va de O hacia M apuntan en sentidos opuestos.

La proyección escalar de B sobre A se define como $|B| \cos \theta$; el signo de la proyección escalar depende de $\cos \theta$.

Utilizando la idea de proyección escalar de un vector sobre otro se puede interpretar geométricamente el producto punto como:

$$A \cdot B = |A| \, |B| \cos \theta$$

o sea que:

$A \cdot B =$ (longitud de A) veces (la proyección escalar de B sobre A).

También se dice que $A \cdot B$ es la longitud de B multiplicada por la proyección escalar de A sobre B.

De la definición de producto escalar se deduce que:

$$A \cdot B = B \cdot A$$

pues:

$$A \cdot B = |A| \, |B| \cos \theta$$

como $|A|$ y $|B|$ son escalares se puede aplicar la propiedad conmutativa del producto de reales, es decir,

$$A \cdot B = |B| \, |A| \cos \theta$$

donde θ es el ángulo de menor medida posible entre A y B cuando coinciden los pies de dichos vectores y ya que $\cos \theta = \cos (180° - \theta)$:

$$A \cdot B = |B| \, |A| \cos (180° - \theta)$$

o sea que:

$$A \cdot B = |A| \, |B| \cos \theta$$

es decir:

$$A \cdot B = B \cdot A$$

Esto significa que el producto punto de dos vectores es conmutativo.

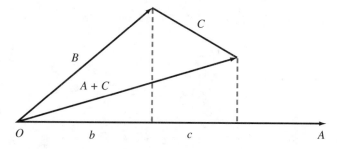

Si en la figura b y c son las proyecciones escalares de B y C sobre A, se observa que la suma de las proyecciones escalares de B y C sobre A es igual a la proyección escalar de $B + C$ sobre A.

Por tanto:

$$|A| \, (b + c) = |A| \, b + |A| \, c$$

y

$$A\,(B+C) \;=\; A \cdot B + A \cdot C$$

que corresponde a la propiedad distributiva para la multiplicación de vectores. Como el producto escalar es conmutativo, entonces:

$$(B+C)\,A = B \cdot A + C \cdot A$$

En estas dos últimas igualdades se puede apreciar que el producto escalar de la suma de vectores se obtiene multiplicando dos expresiones algebraicas, cada una de las cuales tiene más de un término, como en:

$$(A+B)\,(C+D) = A\,(C+D) + B\,(C+D)$$

Si m y n son escalares, entonces:

$$(mA)\,(nB) = mn\,(A \cdot B)$$

Esta ecuación es cierta si cualquiera, m o n, es cero o si cualquier vector es igual a cero.

En el caso de que m y n tengan igual signo y ningún vector es cero se tiene que:

$$(mA)\,(nB) = |mA|\ |nB|\cos\theta = mn\,|A|\ |B|\cos\theta = mn(A \cdot B)$$

Si m y n tienen signos opuestos:

$$(mA)\,(nB) = |mA|\ |nB|\cos(180° - \theta) = mn\,|A|\ |B|\cos\theta = mn\,(A \cdot B)$$

por lo que la ecuación es cierta para todos los escalares m y n y para todos los vectores A y B.

Si dos vectores se expresan en términos de i, j y k, el producto escalar se determina en forma sencilla de la siguiente manera:

Sean:

$$A \;=\; a_1 i + a_2 j + a_3 k$$
$$B \;=\; b_1 i + b_2 j + b_3 k$$

donde:

$$i \cdot i \;=\; j \cdot j = k \cdot k = 3$$
$$i \cdot j \;=\; j \cdot k = k \cdot i = 0$$

entonces:

$$
\begin{aligned}
A \cdot B \;&=\; (a_1 i + a_2 j + a_3 k)\,(b_1 i + b_2 j + b_3 k) \\
A \cdot B \;&=\; a_1 i\,(b_1 i + b_2 j + b_3 k) + a_2 j(b_1 i + b_2 j + b_3 k) \\
&\quad + a_3 k\,(b_1 i + b_2 j + b_3 k) \\
A \cdot B \;&=\; a_1 b_1\, i \cdot i + 0 + 0 + 0 + a_2 b_2\, j \cdot j + 0 + 0 + 0 + a_3 b_3\, k \cdot k \\
A \cdot B \;&=\; a_1 b_1 + a_2 b_2 + a_3 b_3
\end{aligned}
$$

o sea que el producto punto se puede obtener sumando los productos de los coeficientes que corresponden a i, j y k.

Ejemplos:

1. Determinar si son perpendiculares los vectores:

$$A = 2i + 3j - 4k$$
$$B = 5i - 2j + k$$

Solución:

El producto escalar es:

$$A \cdot B = (2)(5) + (3)(-2) + (-4)(1)$$
$$= 10 - 6 - 4$$
$$= 0$$

Como el producto es cero entonces los vectores son perpendiculares.

2. Trazar vectores desde el origen a los puntos $A(2, -6, 3)$ y $B(1, -2, -2)$. Encontrar la medida del ángulo AOB.

Solución:

Sea:

$$\overrightarrow{OA} = A \text{ y } \overrightarrow{OB} = B$$

donde

$$A = 2i - 6j + 3k$$
$$B = i - 2j - 2k$$

Para determinar la medida del ángulo se utiliza:

$$A \cdot B = |A| \, |B| \cos \theta$$

donde:

$$A \cdot B = (2)(1) + (-6)(-2) + (3)(-2)$$
$$= 2 + 12 - 6$$
$$= 8$$

$$|A| = \sqrt{2^2 + (-6)^2 + 3^3} \qquad\qquad |B| = \sqrt{1^2 + (-2)^2 + (-2)^2}$$
$$= \sqrt{4 + 36 + 9} \qquad\qquad\qquad = \sqrt{1 + 4 + 4}$$
$$= \sqrt{49} \qquad\qquad\qquad\qquad = \sqrt{9}$$
$$= 7 \qquad\qquad\qquad\qquad\qquad = 3$$

como:

$$A \cdot B = |A| \, |B| \cos \theta$$

entonces:

$$\frac{A \cdot B}{|A| \, |B|} = \cos \theta$$

o sea:

$$\frac{8}{(7)(3)} = \cos \theta$$

$$\frac{8}{21} = \cos \theta$$

por tanto:

$$\theta = \text{arc } \cos \frac{8}{21}$$

$$\theta = 67° \, 36'$$

Ejercicios

Geométricos

31

Encontrar la longitud del vector que va del origen al punto.

1. $(8, -3, 2)$ **2.** $(-2, 3, -5)$ **3.** $(1, -9, 3)$
4. $(2, 3, 1)$ **5.** $(4, 3, -1)$ **6.** $(5, -7, 8)$
7. $(-2, 7, -5)$ **8.** $(2, 3, 4)$ **9.** $(2, -5, 4)$
10. $(-3, 2, -1)$

Trazar vectores desde el origen a los puntos A y B. En cada caso calcular $A \cdot B$ y la medida del ángulo AOB.

11. $A(5, 8, 1), B(2, 6, -1)$ **12.** $A(-3, 2, -1), B(-2, 7, -5)$
13. $A(-2, 4, 3), B(1, 8, -2)$ **14.** $A(1, 3, 2), B(2, -1, 4)$
15. $A(5, -2, 1), B(2, 3, 5)$ **16.** $A(1, -9, 3), B(-7, -2, 1)$
17. $A(5, -7, 8), B(4, 3, -1)$ **18.** $A(1, 1, 4), B(-3, 4, -2)$
19. $A(5, -3, 2), B(-1, 7, 13)$ **20.** $A(4, -1, 8), B(2, 2, -1)$

PRODUCTO CRUZADO DE DOS VECTORES

El producto vectorial o producto cruzado de dos vectores A y B, donde A y B son diferentes de cero y no paralelos que forman un ángulo θ, $0° < \theta < 180°$, se denota por $A \times B$:

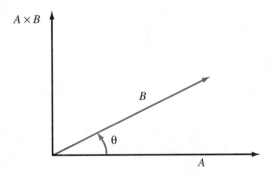

y se define así:

1. $A \times B$ es un vector perpendicular al plano que determinan A y B.

2. $A \times B$ apunta en el sentido en que avanza un tornillo de rosca derecha cuando su cabeza gira un ángulo θ desde la posición del vector A hasta la posición del vector B.

3. $|A \times B| = |A| \ |B| \ \text{sen} \ \theta$.

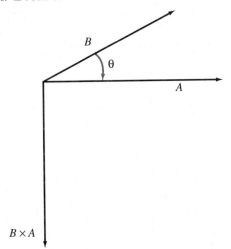

Si A y B son paralelos, $\theta = 0°$ o $\theta = 180°$, el producto vectorial es cero pues sen $\theta = 0$. Cuando A o B o ambos son igual a cero el producto vectorial es cero.

En las dos figuras anteriores se puede observar que al cambiar el orden de los factores en la multiplicación vectorial se invierte el sentido del producto, o sea que:

$$A \times B = -B \times A$$

por tanto, el producto vectorial no es conmutativo.

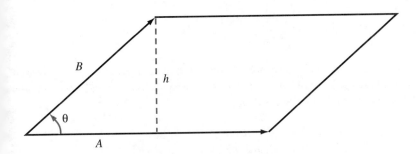

La magnitud del producto cruzado se interpreta geométricamente a partir de la figura. El área del paralelogramo es:

$$|A| \ h$$

donde:

$$h = B \ \text{sen} \ \theta$$

en consecuencia: $|A \times B| = |A| \ |B| \ \text{sen} \ \theta = |A| \ h$

de modo que el área del paralelogramo, en el que dos de sus lados adyacentes son vectores que parten del mismo vértices, es igual al valor absoluto del producto cruzado de los vectores. La mitad de dicho producto es igual al área del triángulo determinado por los vectores.

La propiedad distributiva de la multiplicación vectorial se expresa por:

$$A \times (B + C) = A \times B + A \times C$$

Aplicando la definición de multiplicación vectorial a los vectores unitarios i, j y k se deduce que:

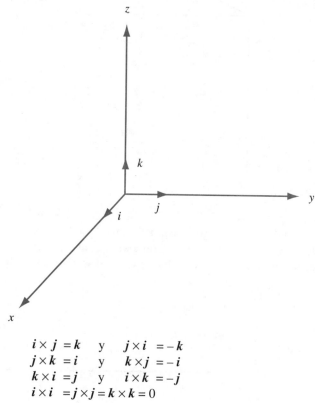

$$
\begin{array}{lcl}
i \times j = k & y & j \times i = -k \\
j \times k = i & y & k \times j = -i \\
k \times i = j & y & i \times k = -j \\
i \times i = j \times j = k \times k = 0 &
\end{array}
$$

Con estas ecuaciones y la propiedad distributiva de la multiplicación vectorial se puede deducir una fórmula para el producto vectorial cuando los vectores están expresados en términos de i, j y k.

Esto es:
$$
\begin{aligned}
A \times B &= (a_1 i + a_2 j + a_3 k)(b_1 i + b_2 j + b_3 k) \\
&= a_1 b_1\, i \times i + a_1 b_2 i \times j + a_1 b_3 i \times k + \\
&\quad a_2 b_1 j \times i + a_2 b_2 j \times j + a_2 b_3 j \times k + \\
&\quad a_3 b_1 k \times i + a_3 b_2 k \times j + a_3 b_3 k \times k \\
&= 0 + a_1 b_2 k - a_1 b_3 j - a_2 b_1 k + 0 + \\
&\quad a_2 b_3 i + a_3 b_1 j - a_3 b_2 i + 0
\end{aligned}
$$
es decir: $A \times B = (a_2 b_3 - a_3 b_2)i + (a_3 b_1 - a_1 b_3)j + a_1 b_2 - a_2 b_1)k$

a su vez esta ecuación se puede expresar así:

$$
A \times B = \begin{vmatrix} i & j & k \\ a_1 & a_2 & a_3 \\ b_1 & b_2 & b_3 \end{vmatrix}
$$

mplos:

Los vectores A y B forman un ángulo de 30°. Si $|A| = 4$ y $|B| = 6$, encontrar el área del paralelogramo en el que A y B son lados consecutivos.

Solución:

El área del paralelogramo es igual al valor absoluto del producto cruzado $A \times B$ y por tanto:

$$|A \times B| = |A| \; |B| \; \text{sen} \; \theta$$

$$= (4)(6)\left(\frac{1}{2}\right)$$

$$= 12$$

o sea que el área del paralelogramo es de 12 unidades cuadradas.

Los puntos $A(3, 4, 2)$, $B(1, 7, 1)$ y $C(-2, 3, -5)$ son vértices de un triángulo. Calcular el área del triángulo.

Solución:

Los vectores que van del origen a cada uno de los puntos dados son:

$$A = 3i + 4j + 2k$$
$$B = i + 7j + k$$
$$C = -2i + 3j - 5k$$

Los vectores $\overrightarrow{AB}$ y $\overrightarrow{AC}$ forman dos lados del triángulo. La magnitud del producto cruzado de estos vectores es igual al área del paralelogramo del cual son dos lados adyacentes. El área del triángulo es igual a la mitad del área del paralelogramo.

$$
\begin{array}{ll}
B = i + 7j + k & C = -2i + 3j - 5k \\
- A = 3i + 4j + 2k & - A = 3i + 4j + 2k \\
\hline
\overrightarrow{AB} = -2i + 3j + k & \overrightarrow{AC} = -5i + j + 7k
\end{array}
$$

$$\overrightarrow{AB} \times \overrightarrow{AC} = \begin{vmatrix} i & j & k \\ -2 & 3 & -1 \\ -5 & -1 & -7 \end{vmatrix}$$

$$= [(3)(-7) - (-1)(-1)]i + [(-1)(-5) - (-2)(-7)]j +$$
$$[(-2)(-1) - (3)(-5)]k$$
$$= -22i - 9j + 17k$$

La magnitud de este vector es:

$$\sqrt{(-22)^2 + (-9)^2 + 17^2} = \sqrt{484 + 81 + 289} = \sqrt{854}$$

En consecuencia, el área del triángulo es $\frac{1}{2}\sqrt{854}$, o sea, 14.61 unidad cuadradas.

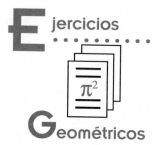

Ejercicios

Geométricos

32

Encontrar el producto cruzado, $A \times B$, de los vectores dados.

1. $A = 5i - 2j + 4k$; $\quad\quad\quad\quad$ $B = 2i + 11j - k$
2. $A = 2i + 11j - k$; $\quad\quad\quad\quad$ $B = 5i - 2j + 4k$
3. $A = 5i - 2j + 4k$; $\quad\quad\quad\quad$ $B = -7i + 6j + 9k$
4. $A = i + j + 2k$; $\quad\quad\quad\quad$ $B = 8i + 4j + k$
5. $A = i + 3j + 4k$; $\quad\quad\quad\quad$ $B = 6i + 2j - k$
6. $A = 5i - 3j + 2k$; $\quad\quad\quad\quad$ $B = -i + 7j + 13k$
7. $A = 6i - 3j + 14k$; $\quad\quad\quad$ $B = 3i - 2j + 3k$
8. $A = i + j + k$; $\quad\quad\quad\quad\quad$ $B = i - j - k$
9. $A = i - 2j + 3k$; $\quad\quad\quad\quad$ $B = 4i + 5j - 6k$
10. $A = 3i + 3j + k$; $\quad\quad\quad\quad$ $B = i - 2j - 2k$

Calcular el área del paralelogramo en el que:

11. $A = i - j + 5k$ $\quad\quad$ y $\quad\quad$ $B = 2i + 4j - 8k$ son lados adyacentes
12. $A = 4i - j + k$ $\quad\quad$ y $\quad\quad$ $B = 3i + j + k$ son lados adyacentes.
13. $A = 2i + 3j + 5k$ $\quad\quad$ y $\quad\quad$ $B = i - 2k$ son lados adyacentes.
14. $A = i + 3j + 7k$ $\quad\quad$ y $\quad\quad$ $B = -2i - 4j + 3k$ son lados adyacentes.
15. Los puntos $A(1, -1, 1)$, $B(3, 3, 1)$, $C(4, -1, 4)$ y $D(2, -5, 4)$ son sus vértices

Encontrar el área del triángulo con vértices:

16. $(-2, 3, 1), (1, 2, 1), (1, -3, 4)$
17. $(-1, 3, 4), (1, 2, 5), (2, -3, 1)$
18. $(1, 5, 4), (8, 2, 3), (22, -4, 1)$
19. $(1, 0, 4), (3, -3, 0), (0, -1, 2)$
20. $(5, 0, 16), (8, 4, 12), (1, -1, 1)$

SOLUCIÓN DE LOS EJERCICIOS PROPUESTOS

Ejercicios geométricos 1

1. a) Cuadrilátero   b) Cuadrilátero   c) Octágono   d) Hexágono
   e) Heptágono   f) Pentágono   g) Octágono   h) Pentágono
   i) Heptágono   j) Hexágono

2. a) Cóncavos *a, c, e, h, j*   b) Convexos *b, d, f, g, i*

3.

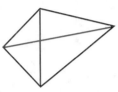 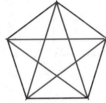 

4. a) 14   b) 20   c) 35   d) 54   e) 90

Ejercicios geométricos 2

1. a) $x = 5; y = 15$ b) $x = 5; y = 7$ c) $x = 14°; y = 100°$
   d) $x = 12°; y = 60°$ e) $x = 15°; y = 110°$

2. a) $x = 15; y = 9$ b) $x = 40; y = 10$ c) $x = 7; y = 6$
   d) $x = 6; y = 16$ e) $x = 12; y = 3$

3. a) $x = 7; y = 5$ b) $x = 6; y = 16$ c) $x = 3; y = 15$
   d) $x = 12; y = 6$ e) $x = 8°; y = 72°$

4. a) $x = 20°; y = 110°$ b) $x = 14°; y = 100°$ c) $x = 36°; y = 72°$
   d) $x = 20°; y = 100°$ e) $x = 60°; y = 120°$

5. a)

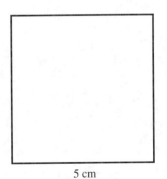

5 cm

b)

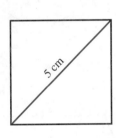

5 cm

c)

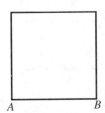

d)

6. a)

b)

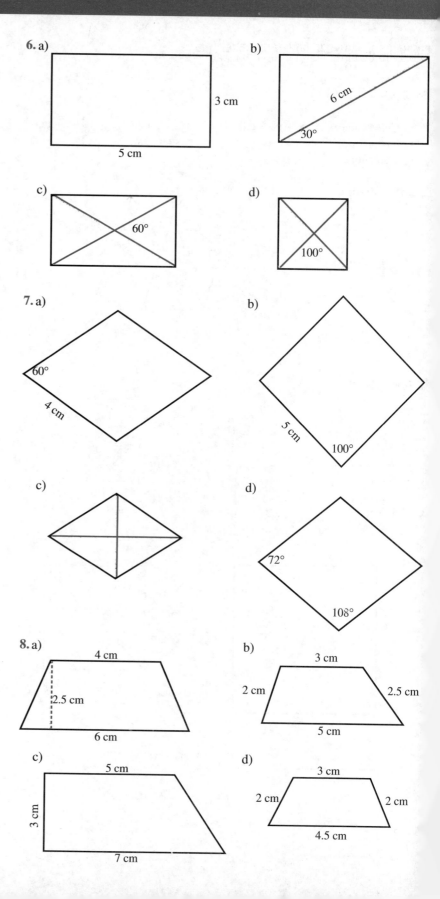

c)

d)

7. a)

b)

c)

d)

8. a)

b)

c)

d)

9. a) Equiláteros   *a, c, e, f*   c) Regulares   *a, c, f*

    b) Equiángulos   *a, b, c, f*   d) Irregulares   *b, d, e*

Ejercicios geométricos 3

1. a) $\overline{AB}, \overline{BC}, \overline{CD}, \overline{DE}, \overline{EF}, \overline{FA}$ b) *A, B, C, D, E, F*   c) $\overline{OM}$

    d) $\angle DOE$ e) $\angle AFE$

2. a) 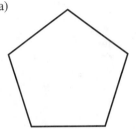   b) 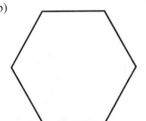   c)

    d) 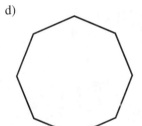   e)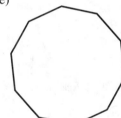

3. a) 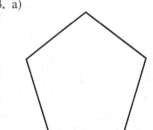   b) 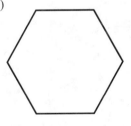   c)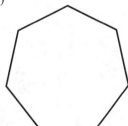

    d) 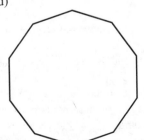   e)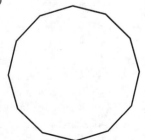

Ejercicios geométricos 4

1. $p = 210$	**2.** $p = 265$	**3.** $p = 46.5$
4. $a = 17.5$	**5.** $b = 5.625$	**6.** $p = 260$
7. $p = 5.40$	**8.** $p = 1.100$	**9.** $l = 16.25$
10. $l = 0.125$	**11.** $p = 13.40$	**12.** $p = 205$
13. $p = 32$	**14.** $l = 9$	**15.** $l = 39$
16. $p = 60$	**17.** $p = 25$	**18.** $p = 3$
19. $l = 36$	**20.** $l = 3.75$	**21.** $p = 25$
22. $p = 15$	**23.** $p = 3.60$	**24.** $n = 13$
25. $n = 8$	**26.** $A = 349.69$	**27.** $A = 0.2025$
28. $A = 1156$	**29.** $l = 24$	**30.** $l = 2.5$
31. $A = 72$	**32.** $A = 204.75$	**33.** $A = 2710.8$
34. $a = 5$	**35.** $b = 26$	**36.** $A = 71.25$
37. $A = 2.1875$	**38.** $A = 0.1875$	**39.** $d = 5$
40. $d = 1.2$	**41.** $A = 63.75$	**42.** $A = 0.95375$
43. $A = 0.45885$	**44.** $h = 25$	**45.** $b' = 17.16$
46. $A = 10.75$	**47.** $A = 64.95$	**48.** $A = 173.76$
49. $l = 2.5$	**50.** $a = 0.0264$	**51.** $p = 260; A = 4225$
52. $p = 34.56; A = 74.6496$	**53.** $p = 3; A = 0.5625$	**54.** $A = 39.0625$
55. $p = 50$	**56.** $p = 126; A = 972$	**57.** $p = 74.50; A = 323.125$
58. $p = 4; A = 0.9375$	**59.** $A = 131.25$	**60.** $p = 37.50$
61. $p = 20; A = 24$	**62.** $p = 43.26; A = 108$	**63.** $p = 40; d = 16$
64. $p = 68; A = 240$	**65.** $A = 0.0720$	**66.** $p = 1.62; A = 0.13125$
67. $p = 126.75; A = 719.1875$	**68.** $p = 96; A = 480$	**69.** $p = 32; A = 44$
70. $p = 133.36; A = 864$		

Ejercicios geométricos 5

1. La circunferencia es una línea curva cerrada cuyos puntos están en un mismo plano y a igual distancia de otro punto interior fijo que se llama centro.

2. El círculo es la superficie del plano limitada por una circunferencia.

3.　　　　　　　　　　　　　　　　　　　**4.**

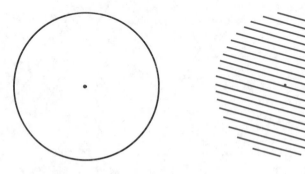

5. a) Radio es el segmento de recta que une el centro de la circunferencia con un punto cualquiera de la misma.

　b) Cuerda es el segmento de recta que une dos puntos de la circunferencia

　c) Diámetro es la cuerda que pasa por el centro de la circunferencia.

　d) Tangente es la recta que toca a la circunferencia en un punto.

　e) Secante es la recta que corta a la circunferencia en dos puntos (partes).

6. a) Cuerda　　　　　　　b) Secante　　　　　　c) Radio

　d) Radio　　　　　　　　e) Diámetro　　　　　　f) Tangente

7. a) Ángulo central es el que está formado por dos radios.

b) Ángulo inscrito es aquel que está formado por dos cuerdas y tiene su vértice sobre la circunferencia.

c) Ángulo interior es aquel que está formado por dos cuerdas que se cortan.

d) Ángulo exterior es aquel que está formado por dos secantes que se cortan en un punto fuera de la circunferencia.

8. a) Ángulo inscrito   b) Ángulo central

c) Ángulo interior   d) Ángulo exterior

Ejercicios geométricos 6

1. a) $\sphericalangle A = 30°$ b) $\sphericalangle a = 35°$ c) $\sphericalangle A = 40°$ d) $\sphericalangle A = 36°$

e) $\sphericalangle B = 62.5°$ f) $\sphericalangle B = 45°$ g) $\sphericalangle B = 95°$ h) $\sphericalangle C = 67.5°$

i) $\measuredangle = 144°$ j) $\measuredangle = 120°,\ \measuredangle = 60°,\ \measuredangle = 180°$

2. a) $\sphericalangle x = 80°$ b) $\sphericalangle x = 60°$ c) $\sphericalangle x = 105°$ d) $\sphericalangle x = 105°$

e) $170°$ f) $200°$ g) $190°$ h) $80°$

i) $48°$ j) $40°$

3. a) $25°$ b) $41°$ c) $20°$ d) $55°$

e) $140°$ f) $130°$ g) $25°$ h) $70°$

i) $75°$ j) $36°$

Ejercicios geométricos 7

1. a) 0 b) $\dfrac{\pi}{6}$ c) $\dfrac{\pi}{4}$

d) $\dfrac{\pi}{3}$ e) $\dfrac{\pi}{2}$ f) π

g) $\dfrac{7\pi}{6}$ h) $\dfrac{5\pi}{4}$ i) $\dfrac{4\pi}{3}$

j) $\dfrac{5\pi}{9}$ k) $\dfrac{217\pi}{180}$ l) $\dfrac{17\pi}{180}$

m) $\dfrac{2\pi}{3}$ n) $\dfrac{\pi}{15}$ o) $\dfrac{3\pi}{2}$

p) $\dfrac{11\pi}{6}$ q) $\dfrac{7\pi}{4}$ r) $\dfrac{\pi}{60}$

s) $\dfrac{3\pi}{4}$ t) $\dfrac{8\pi}{9}$ u) $\dfrac{5\pi}{3}$

2. a) $90°$ b) $30°$ c) $60°$

d) $45°$ e) $180°$ f) $135°$

g) $225°$ h) $315°$ i) $120°$

j) $210°$ k) $300°$ l) $330°$

m) $40°$ n) $100°$ o) $140°$

p) $220°$ q) $18°$ r) $15°$

s) $12°$ t) $2880°$ u) $19°\ 05'\ 55''$

Ejercicios geométricos 8

1. a) 15.7080 m   b) 25.1328 cm   c) 7.8540 m
    d) 7.8540 m   e) 3.9270 m

2. a) 3   b) 3   c) 20
    d) 7.579577   e) 12.480010

3. a) 28.2744 m²   b) 19.6350 m²   c) 1.76715 m²
    d) 44.17875 cm²   e) 19.635 m²

4. a) 2m   b) 0.5 m   c) 18.8496 m
    d) 10π   e) 36π

5. a) $c = 10\pi; A = 25\pi$ b) $r = 8; A = 64\pi$ c) $r = 4; C = 8\pi$
    d) $r = 12.5; A = 156.25\pi$ e) $r = 5; C = 10\pi$

6. a) 89.1328   b) 42.92   c) 122.5224
    d) 218.16   e) 113.0976   f) 202.8144

Ejercicios geométricos 9

1. Simétricas.
2. Simétricos.
3. Uno.
4. Congruentes y paralelos.
5. Dos ángulos congruentes por ser opuestos por el vértice.
6. Congruentes y paralelos.
7. No, sólo los que tienen un número par de lados.
8. Tomando como centro de simetría al punto medio del segmento de la transversal comprendido entre las paralelas.
9.

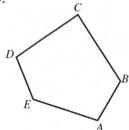
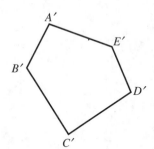

10. Paralelas

Ejercicios geométricos 10

1. Cuando pertenecen a una misma perpendicular al eje de simetría y están a igual distancia de él.
2.

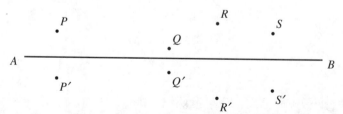

3. Uno

4. Congruente

5. Congruentes

6. Sí

7. No

9. Infinitos

10. Determinando el incentro, es decir, el punto de intersección de las bisectrices de sus ángulos interiores.

11. Resuelto por el lector con aplicación de la *construcción 18*.

12. Determinando el circuncentro, es decir, el punto de intersección de las mediatrices de los lados del triángulo.

13. Resuelto por el lector con aplicación de la *construcción 15*.

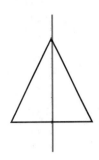

Resuelto por el lector.

Ejercicios geométricos 11

1. Es un espacio limitado por superficies planas o curvas.

2. Geometría del espacio o geomeotría tridimensional.

3. Al ángulo que se forma entre dos caras que concurren en una misma arista.

4. A los ángulos que se forman por las caras que se intersecan en un mismo vértice.

5.

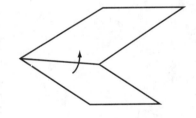

6.

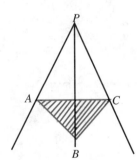

7. Caras

8. Arista

9. Vértice

10. Exaedro, tetraedro, octaedro, dodecaedro, icosaedro.

11. a) Pentágono regular

    b) Triángulo equilátero

    c) Cuadrado

    d) Triángulo equilátero

    e) Triángulo equilátero

12. Poliedros irregulares

13. Poliedro convexo

14. Diagonal

Ejercicios geométricos 12

1. De un rectángulo

2.

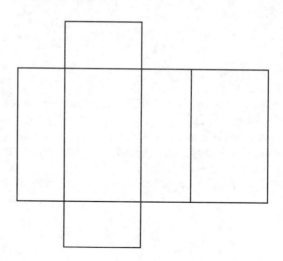

3. $A_l = 128$ cm²
    $A_t = 158$ cm²

4. $V = 120$ cm³

5. $d = 12.69$ cm

6. $A_l = 300$ cm²

7. $A_t = 321.65$ cm²

8. $V = 216.51$ cm³

9. $V = 400$ cm³

10. $h = 40$ cm

11. $B = 20$ cm²

12. $A_t = 246$ cm²
     $V = 216$ cm³

13. 54 personas

14. $A_l = 31.25$ cm²
     $A_t = 36.625$ cm²
     $V = 13.4375$ cm³

15. $h = 3.75$ m

16. $B = 1.75$ m²

Ejercicio geométricos 13

1.

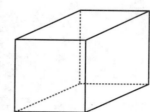

2.

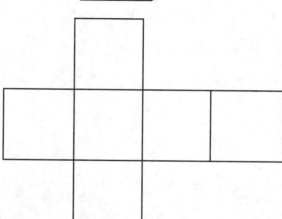

3. $A_l = 4a^2$
4. $A_t = 6\,a^2$
5. $V = a^3$
6. $A_t = 24$ cm^2
7. $V = 27$ cm^3

8. $A_l = 6.25$ cm^2
  $A_t = 9.375$ cm^2
  $V = 1.953125$ cm^3
9. $V = 3.375$ cm^3
10. 3375 kg

Ejercicios geométricos 14

1. Sólidos redondos
2. Cilíndrica
3. Un cilindro circular recto
4. Cilindro
5. Generatriz
6. Un rectángulo
7. Iguales
8. $A_l = 18.85$ m^2
9. $A_t = 12566.37$ cm^2
10. $V = 502.65$ cm^3
11. $A_l = 471.24$ cm^2
  $A_t = 628.32$ cm^2
  $V = 1178.097$ cm^3

12. $A_l = 314.16$ cm^2
  $A_t = 471.24$ cm^2
  $V = 785.4$ cm^3
13. $A_l = 12.57$ m^2
  $A_t = 14.14$ m^2
  $V = 3.1416$ m^3
15. $h = 5$ m
16. $r = 4$ cm
17. 3141.6 litros
18. $h = 10$ cm
19. 4.59 m^3
20. 6.9 cm
21. 6361.74 m^3

Ejercicios geométricos 15

1. Iguales
2. Cono de revolución
3. $r = 6$ cm
4. $A_l = 150.7968$ cm^2
5. $A_l = 47.24$ cm^2
6. $A_t = 50.2656$ cm^2
7. $V = 392.7$ cm^3
8. $A_l = 427.26$ cm^2
  $A_t = 628.32$ cm^2

  $V = 4005.54$ cm^3
9. $A_l = 150.7968$ cm^2
  $A_t = 263.89$ cm^2
  $V = 904.78$ cm^3
10. $A_l = 47.124$ cm^2
  $A_t = 66.759$ cm^2
  $V = 39.27$ cm^3
11. $V = 791.6832$ m^3

Ejercicios geométricos 16

1. Superficie esférica
2. Porque se genera por la rotación de un semicírculo alrededor de su diámetro.
3. Un círculo
4. Iguales
5. Iguales
6. $A = 4\,\pi\,r^2$
7. $A = 2\,\pi\,r\,d$
8. Su volumen
9. A la sección plana que pasa por su centro.
0. En los extremos del diámetro perpendicular al círculo máximo horizontal.
1. $A = 113.0976$ cm^2
2. $A = 12.5664$ cm^2
3. $V = 4188.8$ cm^3

14. $A = 3.1416$ m²
    $V = 0.5236$ m³
15. $A = 8.042$ m²
    $V = 2.145$ m³
16. $A = 706.86$ cm²
    $V = 1767.15$ cm³
17. $A = 509\,905\,556.2$ km²

Ejercicios geométricos 17

1. a) Sí es función porque a cada elemento del dominio le corresponde una y sólo una imagen.
   b) No es función porque un elemento del dominio (el 12) tiene dos imágenes.
   c) Sí es función porque a cada elemento del dominio le corresonde una y sólo una imagen.
   d) Sí es función porque a cada elemento del dominio le corresponde una y sólo una imagen.
   e) No es función porque un elemento del dominio (el 4) no tiene imagen.
   f) No es función porque un elemento del dominio (caminar) no tiene imagen.
   g) No es función porque un elemento del dominio (el 12) tiene más de una imagen.
   h) Sí es una función porque a cada elemento del dominio le corresponde una y sólo una imagen.
   i) Sí es una función porque a cada elemento del dominio le corresponde una y sólo una imagen.
   j) No es función porque el elemento (7) no tiene imagen y los elementos (6 y 8) tienen más de una imagen.

Ejercicios geométricos 18

1. a) C.O. $= a$, C.A. $= b$ b) C.O. $= b$, C.A. $= a$
   c) C.O. $= c$, C.A. $= e$ d) C.O. $= d$, C.A. $= e$
   e) C.O. $= e$, C.A. $= g$ f) C.O. $= f$, C.A. $= h$
   g) C.O. $= g$, C.A. $= h$ h) C.O. $= h$, C.A. $= i$
   i) C.O. $= i$, C.A. $= h$ j) C.O. $= j$, C.A. $= l$

2. a) $\operatorname{sen} A = \dfrac{3}{5}$; $\cos A = \dfrac{4}{5}$; $\tan A = \dfrac{3}{4}$; $\cot A = \dfrac{4}{3}$; $\sec A = \dfrac{5}{4}$; $\csc A = \dfrac{5}{3}$

   b) $\operatorname{sen} P = \dfrac{p}{r}$; $\cos P = \dfrac{q}{r}$; $\tan P = \dfrac{p}{q}$; $\cot P = \dfrac{q}{p}$; $\sec P = \dfrac{r}{q}$; $\csc P = \dfrac{r}{p}$

   c) $\operatorname{sen} R = \dfrac{12}{15}$; $\cos R = \dfrac{9}{15}$; $\tan R = \dfrac{12}{9}$; $\cot R = \dfrac{9}{12}$; $\sec R = \dfrac{15}{9}$; $\csc R = \dfrac{15}{12}$

   d) $\operatorname{sen} S = \dfrac{y}{41}$; $\cos S = \dfrac{x}{41}$; $\tan S = \dfrac{y}{x}$; $\cot S = \dfrac{x}{y}$; $\sec S = \dfrac{41}{x}$; $\csc S = \dfrac{41}{y}$

   e) $\operatorname{sen} X = \dfrac{20}{25}$; $\cos X = \dfrac{15}{25}$; $\tan X = \dfrac{20}{15}$; $\cot X = \dfrac{15}{20}$; $\sec X = \dfrac{25}{15}$; $\csc X = \dfrac{25}{20}$

f) $\operatorname{sen} Y = \dfrac{5}{13}$; $\cos Y = \dfrac{12}{13}$; $\tan X = \dfrac{5}{12}$; $\cot Y = \dfrac{12}{5}$; $\sec Y = \dfrac{13}{12}$; $\csc Y = \dfrac{13}{5}$

g) $\operatorname{sen} Z = \dfrac{80}{89}$; $\cos Z = \dfrac{39}{89}$; $\tan Z = \dfrac{80}{39}$; $\cot Z = \dfrac{39}{80}$; $\sec Z = \dfrac{89}{39}$; $\csc Z = \dfrac{89}{80}$

h) $\operatorname{sen} B = \dfrac{143}{145}$; $\cos B = \dfrac{24}{145}$; $\tan B = \dfrac{143}{24}$; $\cot B = \dfrac{24}{143}$; $\sec B = \dfrac{145}{24}$; $\csc B = \dfrac{145}{143}$

i) $\operatorname{sen} C = \dfrac{77}{85}$; $\cos C = \dfrac{36}{85}$; $\tan C = \dfrac{77}{36}$; $\cot C = \dfrac{36}{77}$; $\sec C = \dfrac{85}{36}$; $\csc C = \dfrac{85}{77}$

j) $\operatorname{sen} M = \dfrac{11}{61}$; $\cos M = \dfrac{60}{61}$; $\tan M = \dfrac{11}{60}$; $\cot M = \dfrac{60}{11}$; $\sec M = \dfrac{61}{60}$; $\csc M = \dfrac{61}{11}$

Ejercicios geométricos 19

1. a) $\operatorname{sen} A = \dfrac{5}{13}$; $\cos A = \dfrac{12}{13}$; $\tan A = \dfrac{5}{12}$; $\cot A = \dfrac{12}{5}$;

$\sec A = \dfrac{13}{12}$; $\csc A = \dfrac{13}{5}$

b) $\operatorname{sen} B = \dfrac{21}{29}$; $\cos B = \dfrac{20}{29}$; $\tan B = \dfrac{21}{20}$; $\cot B = \dfrac{20}{21}$;

$\sec B = \dfrac{29}{20}$; $\csc B = \dfrac{29}{21}$

c) $\operatorname{sen} A = \dfrac{2\sqrt{13}}{13}$; $\cos A = \dfrac{3\sqrt{13}}{13}$; $\tan A = \dfrac{12}{18}$; $\cot A = \dfrac{18}{12}$;

$\sec A = \dfrac{\sqrt{13}}{3}$; $\csc A = \dfrac{\sqrt{13}}{2}$

d) $\operatorname{sen} B = \dfrac{\sqrt{35}}{6}$; $\cos B = \dfrac{1}{6}$; $\tan B = \sqrt{35}$; $\cot B = \dfrac{\sqrt{35}}{35}$;

$\sec B = \dfrac{6}{1}$; $\csc B = \dfrac{6\sqrt{35}}{35}$

e) $\operatorname{sen} A = \dfrac{12}{37}$; $\cos A = \dfrac{35}{37}$; $\tan A = \dfrac{12}{35}$; $\cot A = \dfrac{35}{12}$;

$\sec A = \dfrac{37}{35}$; $\csc A = \dfrac{37}{12}$

f) $\operatorname{sen} A = \dfrac{9}{41}$; $\cos A = \dfrac{40}{41}$; $\tan A = \dfrac{9}{40}$; $\cot A = \dfrac{40}{9}$;

$\sec A = \dfrac{41}{40}$; $\csc A = \dfrac{41}{9}$

g) $\operatorname{sen} A = \dfrac{24}{25}$; $\cos A = \dfrac{7}{25}$; $\tan A = \dfrac{24}{7}$; $\cot A = \dfrac{7}{24}$;

$\sec A = \dfrac{25}{7}$; $\csc A = \dfrac{25}{24}$

h) $\text{sen } A = \dfrac{\sqrt{24}}{5}$; $\cos A = \dfrac{1}{5}$; $\tan A = \sqrt{24}$; $\cot A = \dfrac{\sqrt{24}}{24}$;

$\sec A = 5$; $\csc A = \dfrac{5\sqrt{24}}{24}$

i) $\text{sen } A = \dfrac{39}{89}$; $\cos A = \dfrac{80}{89}$; $\tan A = \dfrac{39}{80}$; $\cot A = \dfrac{80}{39}$;

$\sec A = \dfrac{89}{80}$; $\csc A = \dfrac{89}{39}$

j) $\text{sen } A = \dfrac{5\sqrt{26}}{26}$; $\cos A = \dfrac{\sqrt{26}}{26}$; $\tan A = 5$; $\cot A = \dfrac{1}{5}$;

$\sec A = \sqrt{26}$; $\csc A = \dfrac{\sqrt{26}}{5}$

k) $\text{sen } A = \dfrac{4}{9}$; $\cos A = \dfrac{\sqrt{65}}{9}$; $\tan A = \dfrac{4\sqrt{65}}{65}$; $\cot A = \dfrac{\sqrt{65}}{4}$;

$\sec A = \dfrac{9\sqrt{65}}{65}$; $\csc A = 2.25$

l) $\text{sen } A = \dfrac{143}{145}$; $\cos A = \dfrac{24}{145}$; $\tan A = \dfrac{143}{24}$; $\cot A = \dfrac{24}{143}$;

$\sec A = \dfrac{145}{24}$; $\csc A = \dfrac{145}{143}$

m) $\text{sen } A = \dfrac{12}{13}$; $\cos A = \dfrac{5}{13}$; $\tan A = 2.4$; $\cot A = \dfrac{5}{12}$;

$\sec A = \dfrac{13}{5}$; $\csc A = \dfrac{13}{12}$

n) $\text{sen } A = \dfrac{5\sqrt{41}}{41}$; $\cos A = \dfrac{4\sqrt{41}}{41}$; $\tan A = 1.25$; $\cot A = \dfrac{4}{5}$;

$\sec A = \dfrac{\sqrt{41}}{4}$; $\csc A = \dfrac{\sqrt{41}}{5}$

o) $\text{sen } A = \dfrac{\sqrt{2}}{2}$; $\cos A = \dfrac{\sqrt{2}}{2}$; $\tan A = 1$; $\cot A = 1$;

$\sec A = \sqrt{2}$; $\csc A = \sqrt{2}$

p) $\text{sen } A = \dfrac{2}{3}$; $\cos A = \dfrac{\sqrt{5}}{3}$; $\tan A = \dfrac{2\sqrt{5}}{5}$; $\cot A = \dfrac{\sqrt{5}}{2}$;

$\sec A = \dfrac{3\sqrt{5}}{5}$; $\csc A = \dfrac{3}{2}$

q) $\text{sen } A = \dfrac{60}{61}$; $\cos A = \dfrac{11}{61}$; $\tan A = \dfrac{60}{11}$; $\cot A = \dfrac{11}{60}$;

$\sec A = \dfrac{61}{11}$; $\csc A = \dfrac{61}{60}$

r) $\text{sen } A = \dfrac{1}{2}$; $\cos A = \dfrac{\sqrt{3}}{3}$; $\tan A = \dfrac{\sqrt{3}}{3}$; $\cot A = \sqrt{3}$;

$\sec A = \dfrac{2\sqrt{3}}{3}$; $\csc A = 2$

s) $\operatorname{sen} A = \dfrac{7\sqrt{149}}{149}$; $\cos A = \dfrac{10\sqrt{149}}{149}$; $\tan A = \dfrac{14}{20}$; $\cot A = \dfrac{20}{14}$;

  $\sec A = \dfrac{\sqrt{149}}{10}$; $\csc A = \dfrac{\sqrt{149}}{7}$

t) $\operatorname{sen} A = \dfrac{2\sqrt{2}}{3}$; $\cos A = \dfrac{1}{3}$; $\tan A = 2\sqrt{2}$; $\cot A = \dfrac{\sqrt{2}}{4}$;

  $\sec A = 3$; $\csc A = \dfrac{3\sqrt{2}}{4}$

u) $\operatorname{sen} A = \dfrac{1}{7}$; $\cos A = \dfrac{4\sqrt{3}}{7}$; $\tan A = \dfrac{\sqrt{3}}{12}$; $\cot A = 4\sqrt{3}$;

  $\sec A = \dfrac{7\sqrt{3}}{12}$; $\csc A = 7$

v) $\operatorname{sen} A = \dfrac{2\sqrt{13}}{13}$; $\cos A = \dfrac{3\sqrt{13}}{13}$; $\tan A = \dfrac{2}{3}$; $\cot A = \dfrac{3}{2}$;

  $\sec A = \dfrac{\sqrt{13}}{3}$; $\csc A = \dfrac{\sqrt{13}}{2}$

w) $\operatorname{sen} A = \dfrac{15}{17}$; $\cos A = \dfrac{8}{17}$; $\tan A = \dfrac{15}{8}$; $\cot A = \dfrac{8}{15}$;

  $\sec A = \dfrac{17}{8}$; $\csc A = \dfrac{17}{15}$

x) $\operatorname{sen} A = \dfrac{\sqrt{3}}{2}$; $\cos A = \dfrac{1}{2}$; $\tan A = \sqrt{3}$; $\cot A = \dfrac{\sqrt{3}}{3}$;

  $\sec A = 2$; $\csc A = \dfrac{2\sqrt{3}}{3}$

y) $\operatorname{sen} A = \dfrac{36}{85}$; $\cos A = \dfrac{77}{85}$; $\tan A = \dfrac{36}{77}$; $\cot A = \dfrac{77}{36}$;

  $\sec A = \dfrac{85}{77}$; $\csc A = \dfrac{85}{36}$

a) $\operatorname{sen} A = 0.3243$; $\cos A = 0.9459$; $\tan A = 0.3429$; $\cot A = 2.9166$; $\sec A = 1.0571$;
  $\csc A = 3.0833$; $\operatorname{sen} B = 0.9459$; $\cos B = 0.3243$; $\tan B = 2.9166$; $\cot B = 0.3429$;
  $\sec B = 3.0833$; $\csc B = 1.0571$

b) $\operatorname{sen} A = 0.3423$; $\cos A = 0.9396$; $\tan A = 0.3643$; $\cot A = 2.7451$; $\sec A = 1.0643$;
  $\csc A = 2.9215$; $\operatorname{sen} B = 0.9396$; $\cos B = 0.3423$; $\tan B = 2.7451$; $\cot B = 0.3643$;
  $\sec B = 2.9215$; $\csc B = 1.0643$

c) $\operatorname{sen} A = 0.3846$; $\cos A = 0.9231$; $\tan A = 0.4166$; $\cot A = 2.4000$; $\sec A = 1.0833$;
  $\csc A = 2.6000$; $\operatorname{sen} B = 0.9231$; $\cos B = 0.3846$; $\tan B = 2.4000$; $\cot B = 0.4166$;
  $\sec B = 2.6000$; $\csc B = 1.0833$

d) $\operatorname{sen} A = 0.4459$; $\cos A = 0.8951$; $\tan A = 0.4982$; $\cot A = 2.0073$; $\sec A = 1.1172$;
  $\csc A = 2.2426$; $\operatorname{sen} B = 0.8951$; $\cos B = 0.4459$; $\tan B = 2.0073$; $\cot B = 0.4982$;
  $\sec B = 2.2426$; $\csc B = 1.1172$

e) $\operatorname{sen} A = 0.9692$; $\cos A = 0.2462$; $\tan A = 3.9375$; $\cot A = 0.2540$; $\sec A = 4.0625$;
  $\csc A = 1.0317$; $\operatorname{sen} B = 0.2462$; $\cos B = 0.9692$; $\tan B = 0.2540$; $\cot B = 3.9375$;
  $\sec B = 1.0317$; $\csc B = 4.0625$

f) $\operatorname{sen} A = 0.6701$; $\cos A = 0.7423$; $\tan A = 0.9028$; $\cot A = 1.1077$; $\sec A = 1.3472$;
  $\csc A = 1.4923$; $\operatorname{sen} B = 0.7423$; $\cos B = 0.6701$; $\tan B = 1.1077$; $\cot B = 0.9028$;
  $\sec B = 1.4923$; $\csc B = 1.3472$

g) $\operatorname{sen} A = 0.5500$; $\cos A = 0.8350$; $\tan A = 0.6587$; $\cot A = 1.5182$; $\sec A = 1.197($
   $\csc A = 1.8182$; $\operatorname{sen} B = 0.8350$; $\cos B = 0.5500$; $\tan B = 1.5182$; $\cot B = 0.658$
   $\sec B = 1.8182$; $\csc B = 1.1976$

h) $\operatorname{sen} A = 0.1961$; $\cos A = 0.9806$; $\tan A = 0.2000$; $\cot A = 5.0000$; $\sec A = 1.019$
   $\csc A = 5.0990$; $\operatorname{sen} B = 0.9806$; $\cos B = 0.1961$; $\tan B = 5.0000$; $\cot B = 0.200($
   $\sec B = 5.0990$; $\csc B = 1.0198$

i) $\operatorname{sen} A = 0.5473$; $\cos A = 0.8371$; $\tan A = 0.6538$; $\cot A = 1.5294$; $\sec A = 1.194($
   $\csc A = 1.8270$; $\operatorname{sen} B = 0.8371$; $\cos B = 0.5473$; $\tan B = 1.5294$; $\cot B = 0.653$
   $\sec B = 1.8270$; $\csc B = 1.1945$

j) $\operatorname{sen} A = 0.8705$; $\cos A = 0.4922$; $\tan A = 1.7584$; $\cot A = 0.5655$; $\sec A = 2.031($
   $\csc A = 1.1486$; $\operatorname{sen} B = 0.4922$; $\cos B = 0.8705$; $\tan B = 0.5655$; $\cot B = 1.768$
   $\sec B = 1.1488$; $\csc B = 2.0316.$

Ejercicios geométricos 20

1. a) $\dfrac{1}{2}$

   b) $\dfrac{1}{2}$

   c) $\dfrac{3\sqrt{2} + 2\sqrt{3}}{12}$

   d) $2\dfrac{1}{3}$

   e) 5

   f) $2(\sqrt{3} + 1)$

   g) 1

   h) 1

   i) 0

   j) 1

Ejercicios geométricos 21

1.

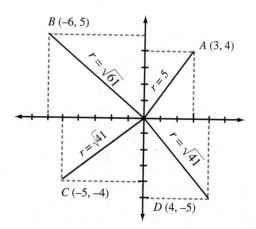

2. a) $\operatorname{sen}\theta = \dfrac{4}{5}$; $\cos\theta = \dfrac{3}{5}$; $\tan\theta = \dfrac{4}{3}$; $\cot\theta = \dfrac{3}{4}$; $\sec\theta = \dfrac{5}{3}$; $\csc\theta = \dfrac{5}{4}$

   b) $\operatorname{sen}\theta = \dfrac{4}{5}$; $\cos\theta = -\dfrac{3}{5}$; $\tan\theta = -\dfrac{4}{3}$; $\cot\theta = -\dfrac{3}{4}$; $\sec\theta = -\dfrac{5}{3}$; $\csc\theta = \dfrac{5}{4}$

   c) $\operatorname{sen}\theta = -\dfrac{4}{5}$; $\cos\theta = -\dfrac{3}{5}$; $\tan\theta = \dfrac{4}{3}$; $\cot\theta = -\dfrac{3}{4}$; $\sec\theta = -\dfrac{5}{3}$; $\csc\theta = -\dfrac{5}{4}$

   d) $\operatorname{sen}\theta = -\dfrac{4}{5}$; $\cos\theta = \dfrac{3}{5}$; $\tan\theta = -\dfrac{4}{3}$; $\cot\theta = -\dfrac{3}{4}$; $\sec\theta = \dfrac{5}{3}$; $\csc\theta = -\dfrac{5}{4}$

3. sen θ = − $\dfrac{3}{5}$

4. a) sen 45°;   cos 45°   b) − sen 45°;   − cos 45°
   c) tan 20°;   cot 70°   d) − tan 25°;   − cot 65°
   e) sec 35°;   csc 55°   f) − sec 80°;   − csc 10°
   g) sen 20°;   cos 70°   h) − sen 30°;   − cos 60°
   i) − tan 10°; − cot 80°   j) tan 20°;   cot 70°

5. a)   b)   c)

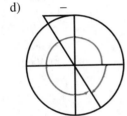   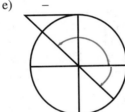

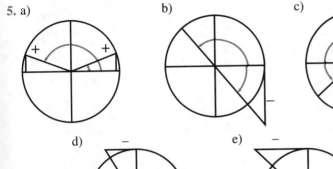

   d)   e)

Ejercicios geométricos 22

1. a) $B = 52°20'$; $a = 32.9994$; $b = 42.7464$
    b) $B = 25°42'$; $a = 412.7038$; $b = 198.6346$
    c) $B = 41°$; $a = 9.0564$; $b = 7.8732$
    d) $A = 29°30'$; $a = 137.1334$; $b = 242.4064$
    e) $A = 52°48'$; $a = 79.65$; $b = 60.46$
    f) $B = 34°17'$; $a = 342.9145$; $b = 233.7695$
    g) $A = 22°21'$; $a = 362.4259$; $b = 881.4297$
    h) $B = 63°48'$; $a = 207.2401$; $b = 420.8337$
    i) $A = 29°48'$; $a = 68.8345$; $b = 120.1903$
    j) $B = 16°10'$; $a = 94.129$; $b = 27.2832$
    k) $B = 47°30'$; $c = 99.1711$; $b = 73.120$
    l) $A = 33°$; $a = 16.235$; $c = 29.808$
    m) $B = 40°24'$; $c = 204.8588$; $b = 132.7659$
    n) $B = 35°20'$; $c = 300.3187$; $b = 173.6805$
    o) $B = 47°12'$; $c = 55.9317$; $b = 41.040$
    p) $B = 29°$; $c = 137.2056$; $b = 66.516$
    q) $B = 46°39'$; $a = 247.333$; $c = 359.8735$
    r) $A = 10°46'$; $a = 160.1065$; $c = 857.08$
    s) $B = 26°48'$; $a = 304.92$; $c = 342.15$
    t) $B = 54°40'$; $a = 85.068$; $c = 147.095$

2. a) $A = 31°50'$; $B = 58°10'$; $c = 68.26$
    b) $A = 30°34'$; $B = 59°26'$; $c = 37.1646$
    c) $A = 58°33'$; $B = 31°27'$; $c = 498.2218$

d) $A = 60°13'$; $B = 29°47'$; $c = 774.4853$
e) $A = 48°51'$; $B = 41°09'$; $c = 284.9069$
f) $A = 53°15'$; $B = 36°45'$; $c = 514.8012$
g) $A = 36°52'$; $B = 53°08'$; $c = 640$
h) $A = 35°58'$; $B = 54°02'$; $c = 76.6094$
i) $A = 51°31'$; $B = 38°29'$; $c = 155.8621$
j) $A = 62°46'$; $B = 26°14'$; $c = 76.4788$
k) $A = 45°24'$; $B = 44°36'$; $a = 33.466$
l) $A = 32°10'$; $B = 57°50'$; $a = 388.412$
m) $A = 4°56'$; $B = 85°04'$; $b = 324.795$
n) $A = 39°22'$; $B = 50°38'$; $b = 121.219$
o) $A = 54°$; $B = 36°$; $b = 52.316$
p) $A = 20°01'$; $B = 69°59'$; $b = 140$
q) $A = 39°58'$; $B = 50°02'$; $a = 88$
r) $A = 60°56'$; $B = 29°04'$; $a = 340$
s) $A = 61°55'$; $B = 28°05'$; $a = 111$
t) $A = 34°44'$; $B = 55°16'$; $a = 243.639$

3. a) $37°34'$ b) 300 m   c) 59.925 m
    d) 74.26 m   e) 993.05 m   f) 733.98 m
    g) 49.86 m y 114.82 m h) 12.505 m   i) 9970.200 m
    j) 8.94 m.

Ejercicios geométricos 23

1. a) $c = 13$ b) $c = 25$ c) $c = 17$
   d) $c = \sqrt{97}$ e) $c = 39$ f) $c = 7\sqrt{2}$
   g) $c = \sqrt{41}$ h) $c = \sqrt{13}$ i) $c = 4$
   j) $c = 10$

2. a) $b = 6$ b) $b = 16$ c) $a = 24$
   d) $b = 20$ e) $b = 15$ f) $a = 5$
   g) $a = 8$ h) $b = 2\sqrt{3}$ i) $a = 2\sqrt{7}$
   j) $b = 5$

3. a) 8   b) 6   c) $\sqrt{19}$
   d) $5\sqrt{3}$

Ejercicios geométricos 24

1. $\operatorname{sen} 15° = \dfrac{\sqrt{2}}{4}(\sqrt{3} - 1)$; $\cos 15° = \dfrac{\sqrt{2}}{4}(\sqrt{3} + 1)$; $\tan 15° = 2 - \sqrt{3}$

2. $\operatorname{sen} 105° = \dfrac{\sqrt{2}}{2}\left(\dfrac{\sqrt{3}}{2} + \dfrac{1}{2}\right)$; $\cos 105° = \dfrac{\sqrt{2}}{2}\left(\dfrac{1}{2} - \dfrac{\sqrt{3}}{2}\right)$; $\tan 105° = -2 - \sqrt{3}$

3. $\operatorname{sen} 120° = \dfrac{\sqrt{3}}{2}$; $\cos 120° = -\dfrac{1}{2}$; $\tan 120° = -\sqrt{3}$

$$\text{sen } 135° = \frac{\sqrt{2}}{2}; \cos 135° = -\frac{\sqrt{2}}{2}; \tan 135° = -1$$

$$\text{sen } 150° = \frac{1}{2}; \cos 150° = -\frac{1}{2}; \tan 150° = -\frac{\sqrt{3}}{3}$$

$$\text{sen } 210° = -\frac{1}{2}; \cos 210° = -\frac{\sqrt{3}}{2}; \tan 210° = \frac{\sqrt{3}}{3}$$

$$\text{sen } 225° = -\frac{\sqrt{2}}{2}; \cos 225° = -\frac{\sqrt{2}}{2}; \tan 225° = \frac{\sqrt{2}}{2}$$

ercicios geométricos 25

1. 2 sen 45° cos 15°   **2.** 2 sen 30° cos 20°   **3.** 2 cos 45° sen 5°

4. 2 cos 45° sen 25°   **5.** 2 cos 35° sen 5°   **6.** 2 cos 45° sen 5°

7. −2 sen 50° sen 30°   **8.** −2 sen 75° sen 5°   **9.** −2 sen 60° sen 10°

0. −2 sen 55° cos 20°

ercicios geométricos 26

. a) $A = 77°45'$; $b = 11.45$; $c = 12.42$
   b) $A = 64°30'$; $b = 85.58$; $c = 72.31$
   c) $72°$; $b = 400.40$; $c = 450.31$
   d) $A = 57°24'$; $b = 554.14$; $c = 401.18$
   e) $B = 79°$; $b = 141.43$; $c = 89.36$
   f) $C = 81°26'$; $b = 47.19$; $c = 81.63$
   g) $A = 19°01'$; $a = 34.05$; $c = 98.62$
   h) $B = 99°15'$; $a = 405.36$; $c = 482.16$
   i) $A = 83°39'$; $a = 290.14$; $b = 182.82$
   j) $A = 9°34'$; $A = 177.75$; $b = 700.95$

. a) $B = 38°01'$; $C = 83°39'$; $c = 613.80$
   b) $B = 67°09'$; $C = 62°41'$; $c = 28.93$
   c) $B = 25°55'$; $C = 95°45'$; $c = 865.11$
   d) $B = 29°51'$; $C = 114°39'$; $c = 21.91$
   e) $B = 46°33'$; $C = 73°15'$; $b = 460.96$
   f) $B = 29°45'$; $C = 39°55'$; $c = 58.17$
   g) $B = 11°56'$; $C = 147°44'$; $c = 15.48$
   h) $A = 121°02'$; $C = 19°43'$; $a = 20.31$
   i) $A = 126°03'$; $C = 28°57'$; $a = 1578.35$
   j) $B = 69°04'$; $c = 70°16'$; $b = 25.998$

3. a) $A = 94°$; $B = 44°40'$; $c = 52.66$
   b) $A = 118°18'$; $B = 25°42'$; $c = 44.73$
   c) $A = 60°45'$; $B = 47°21'$; $c = 965.26$
   d) $A = 63°46'$; $B = 53°55'$; $c = 449.2$
   e) $A = 28°48'$; $B = 17°12'$; $c = 1447.08$
   f) $B = 115°09'$; $C = 37°37'$; $a = 65.2$
   g) $A = 44°45'$; $C = 51°59'$; $c = 138.76$

h) $B = 47°31'$; $C = 16°47'$; $a = 56.2$

i) $B = 81°40'$; $C = 43°01'$; $a = 37.4$

j) $B = 23°46'$; $C = 31°14'$; $a = 56.89$

4.
a) $A = 34°25'$; $B = 54°54'$; $C = 90°41'$

b) $A = 71°29'$; $B = 86°32'$; $C = 21°59'$

c) $A = 82°49'$; $B = 41°25'$; $C = 55°46'$

d) $A = 39°20'$; $B = 46°50'$; $C = 93°50'$

e) $A = 36°20'$; $B = 63°42'$; $C = 79°58'$

f) $A = 121°51'$; $B = 33°50'$; $C = 24°19'$

g) $A = 58°02'$; $B = 58°02'$; $C = 63°56'$

h) $A = 46°35'$; $B = 56°07'$; $C = 77°18'$

i) $A = 33°34'$; $B = 50°42'$; $C = 95°44'$

j) $A = 29°57'$; $B = 106°24'$; $C = 43°39'$

5. 1943.64 m

6. 294.49 m

7. $36°45'$; $64°49'$; $78°26'$

8. $36°44'$; $64°49'$; $78°27'$

9. $43°10'$; $61°20'$; $75°30'$

Ejercicios geométricos 27

Resuelto por el lector.

Ejercicios geométricos 28

1. a) $\{\frac{\pi}{6} + 2n\pi, \frac{5\pi}{6} + 2n\pi\}$ b) $\{2n\pi + \frac{\pi}{3}\}$

   c) $\{\frac{\pi}{4} + n\pi\}$ d) $\{\frac{7\pi}{6} + 2n\pi, -\frac{\pi}{6} + 2n\pi\}$

   e) $\{\frac{5\pi}{6} + 2n\pi, \frac{7\pi}{6} + 2n\pi\}$ f) $\{\frac{5\pi}{6} + 2n\pi, -\frac{\pi}{6} + 2n\pi\}$

   g) $\{\frac{3\pi}{2} + 2n\pi\}$ h) $\theta = \{\ \}$

   i) $\{n\pi\}$ j) $\{n\pi\}$

   k) $\{(2n + 1)\pi\}$ l) $\{\frac{\pi}{3} + n\pi\}$

   m) $\{\frac{\pi}{12} + \frac{2n\pi}{4}\}$ n) $\{\frac{\pi}{12} + \frac{n\pi}{3}, \frac{\pi}{4} + \frac{n\pi}{3}\}$

   o) $\{\frac{\pi}{12} + \frac{n\pi}{3}\}$

2. a) $\frac{\pi}{2}$ b) $\frac{\pi}{4}, \frac{3\pi}{4}, \frac{5\pi}{4}, \frac{7\pi}{4}$ c) $0, \frac{\pi}{3}, \frac{2\pi}{3}, \pi, \frac{4\pi}{3}, \frac{5\pi}{3}$

   d) $\{\frac{\pi}{30} + \frac{2n\pi}{5}, \frac{\pi}{6} + \frac{2n\pi}{5}, (n = 0, 1, 2, 3, 4)\}$ e) π

f) $\dfrac{\pi}{3}, \dfrac{5\pi}{6}, \dfrac{4\pi}{3}, \dfrac{11\pi}{6}$ g) $\dfrac{\pi}{3}, \dfrac{2\pi}{3}$ h) $\dfrac{\pi}{4}, \dfrac{3\pi}{4}, \dfrac{5\pi}{4}, \dfrac{7\pi}{4}$

i) $0, \dfrac{\pi}{2}, \pi, \dfrac{3\pi}{2}$ j) $\dfrac{\pi}{4}, \dfrac{7\pi}{6}, \dfrac{5\pi}{4}, \dfrac{11\pi}{6}$ k) $\dfrac{\pi}{2}, \dfrac{7\pi}{6}, \dfrac{11\pi}{6}$

l) $0, \dfrac{2\pi}{3}, \pi, \dfrac{4\pi}{3}$ m) $\dfrac{\pi}{3}, \pi, \dfrac{5\pi}{3}$ n) $0, \dfrac{\pi}{6}, \dfrac{5\pi}{6}, \pi$

o) $0, \dfrac{\pi}{3}, \dfrac{5\pi}{3}$

Ejercicios geométricos 29

1. $A = \;\;\; i + 5j$
      $B = 7i + 3j$
      $\overline{A + B = 8i + 8j}$

      $A = \;\;\; i + 5j$
      $B = 7i + 3j$
      $\overline{A - B = -6i + 2j}$

2. $A = 7i + 3j$
      $B = \;\;\; i + 5j$
      $\overline{A + B = 8i + 8j}$

      $A = 7i + 3j$
      $B = \;\;\; i + 5j$
      $\overline{A - B = 6i - 2j}$

3. $A = \;\;\; 3i + 6j$
      $B = -2i + j$
      $\overline{A + B = \;\;\; i + 7j}$

      $A = \;\;\; 3i + 6j$
      $B = -2i + j$
      $\overline{A - B = 5i + 5j}$

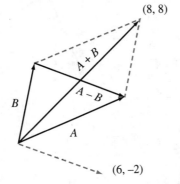

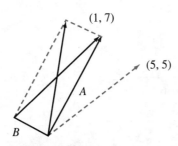

4.

$$A = 2i + 3j$$
$$B = -4i + 5j$$
$$\overline{A + B = -2i + 8j}$$

$$A = 2i + 3j$$
$$B = -4i + 5j$$
$$\overline{A - B = 6i - 2j}$$

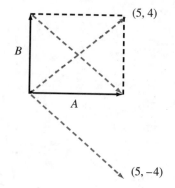

$(-2, 8)$

$(6, -2)$

5.

$$A = 5i + 0j$$
$$B = 0i + 4j$$
$$\overline{A + B + 5i + 4j}$$

$$A = 5i + 0j$$
$$B = 0i + 4j$$
$$\overline{A - B = 5i - 4j}$$

$(5, 4)$

$(5, -4)$

6.

$$A = 7i + 2j$$
$$B = 3i + 5j$$
$$\overline{A + B = 10i + 7j}$$

$$A = 7i + 2j$$
$$B = 3i + 5j$$
$$\overline{A - B = 4i - 3j}$$

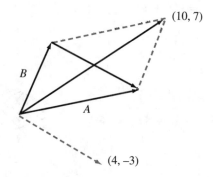

$(10, 7)$

$(4, -3)$

7.

$$A = 4i - 2j$$
$$B = -2i + 4j$$
$$\overline{A + B = 2i + 2j}$$

$$A = 4i - 2j$$
$$B = -2i + 4j$$
$$\overline{A - B = 6i - 6j}$$

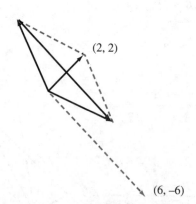

$(2, 2)$

$(6, -6)$

8. $A =\ 2i + 3j$

$B =\ -i + 4j$

$A + B =\ \ i + 7j$

$A =\ 2i + 3j$

$B =\ -i + 4j$

$A - B =\ 3i - j$

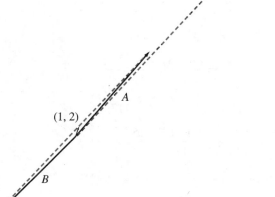

9. $A =\ 6i + 7j$

$B = -5i - 5j$

$A + B =\ \ i + 2j$

$A =\ 6i + 7j$

$B = -5i - 5j$

$A - B = 11i + 12j$

10. $A =\ 8i - 2j$

$B =\ 4i - 6j$

$A + B = 12i - 8j$

$A =\ 8i - 2j$

$B +\ 4i - 6j$

$A - B =\ 4i + 4j$

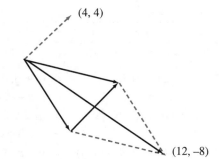

11. $|V| = \sqrt{3^2 + 4^2} = 5$

$\dfrac{V}{|V|} = \dfrac{3i + 4j}{5} = \dfrac{3}{5}i + \dfrac{4}{5}j$

12. $|V| = \sqrt{(-3)^2 + (-4)^2} = 5$

$\dfrac{V}{|V|} = \dfrac{-3i - 4j}{5} = -\dfrac{3}{5}i - \dfrac{4}{5}j$

13. $|V| = \sqrt{4^2 + 3^2} = 5$

$\dfrac{V}{|V|} = \dfrac{4i + 3j}{5} = \dfrac{4}{5}i + \dfrac{3}{5}j$

14. $|V| = \sqrt{(-4)^2 + (-3)^2} = 5$

$$\frac{V}{|V|} = \frac{-4i - 3j}{5} = \frac{4}{5}i - \frac{3}{5}j$$

15. $|V| = \sqrt{(-12)^2 + 5^2} = 13$

$$\frac{V}{|V|} = \frac{-12i + 5j}{13} = \frac{12}{13}i + \frac{5}{13}j$$

16. $|V| = \sqrt{12^2 + (-5)^2} = 13$

$$\frac{V}{|V|} = \frac{12i - 5j}{13} = \frac{12}{13}i + \frac{5}{13}j$$

17. $|V| = \sqrt{8^2 + 15^2} = 17$

$$\frac{V}{|V|} = \frac{8i + 15j}{17} = \frac{8}{17}i + \frac{15}{17}j$$

18. $|V| = \sqrt{15^2 + (-8)^2} = 17$

$$\frac{V}{|V|} = \frac{15i + 8j}{17} = \frac{15}{17}i + \frac{8}{17}j$$

19. $|V| = \sqrt{2^2 + (-3)^2} = \sqrt{13}$

$$\frac{V}{|V|} = \frac{2i - 3j}{\sqrt{13}} = \frac{2}{\sqrt{13}}i - \frac{3}{\sqrt{13}}j$$

20. $|V| = \sqrt{1^2 + 2^2} = \sqrt{5}$

$$\frac{V}{|V|} = \frac{i + 2j}{\sqrt{5}} = \frac{1}{\sqrt{5}}i + \frac{2}{\sqrt{5}}j$$

21. $(a, b) + (0, 0) = (a + 0, b + 0) = (a, b)$

22. $(-a, -b) + (a, b) = (-a + a, -b + b) = (0, 0)$

23. $(a, b) + (c, d) = (a + c, b + d) = (c + a, d + b)$
$= (c, d) + (a, b)$

24. $(a, b) + (c, d) + (e, f) = [(a, b) + (c, d)] + (e, f)$
$= (a + c, b + d) + (e, f)$
$= (a + c + e, b + d + f)$
$= (a, b) + (c + e, d + f)$
$= (a, b) + [(c, d) + (e, f)]$

25. $A = 6\sqrt{3}\, i + 6j$

26. $A = 6\sqrt{2}\, i + 6\sqrt{2}\, j$

27. 10 kph; 45 m aguas abajo

28. 17 mph; 24 yardas aguas abajo

29. 503.59 mph; S 83°09′ E

30. 17 kg; S 61°55′ E

31. 17 kg; N 61°55′ W

Ejercicios geométricos   30

1. 8.77	**2.** 6.16	**3.** 9.54
4. 3.74	**5.** 5.10	**6.** 11.75
7. 8.83	**8.** 5.38	**9.** 6.71
10. 3.74	**11.** 57; $\theta = 20°13'$	**12.** 25; $\theta = 40°50'$
13. 24; $\theta = 57°33'$	**14.** 7; $\theta = 65°54'$	**15.** 9; $\theta = 74°32'$
16. 14; $\theta = 78°28'$	**17.** −9; $\theta = 98°38'$	**18.** −7; $\theta = 107°50'$
19. 0; $\theta = 90°$	**20.** −2; $\theta = 94°14'$	

Ejercicios geométricos   31

1. $42i + 13j + 59k$ **2.** $42i - 13j - 59k$ **3.** $-42i - 73j + 16k$

4. $-7i + 15j - 4k$ **5.** $-11i + 25j - 16k$ **6.** $-53i - 67j + 32k$

7. $19i + 24j - 3k$ **8.** $2j - 2k$ **9.** $-3i + 18j + 13k$

10. $8i + 7j - 9k$

11. $\sqrt{504} = 22.45$ unidades cuadradas   **12.** $\sqrt{54} = 7.35$ unidades cuadradas

13. $\sqrt{126} = 11.22$ unidades cuadradas   **14.** $\sqrt{1758} = 41.93$ unidades cuadradas

15. 18 unidades cuadradas   **16.** $\frac{1}{2}\sqrt{315} = 8.87$ unidades cuadradas

17. $\frac{1}{2}\sqrt{54} = 3.67$ unidades cuadradas   **18.** 0 unidades cuadradas

19. $\frac{1}{2}\sqrt{29} = 2.69$ unidades cuadradas   **20.** $\frac{1}{2}\sqrt{7986} = 44.68$ unidades cuadradas

DISCARD

Esta obra se terminó de imprimir en junio del 2001
en los talleres de Overprint, S. A. de C. V.
Agustín Yáñez 1253, Col. Sector Popular
C.P. 09060, México, D.F.